高等院校会计学专业规划教材

国际会计

（第二版）

主编　吴　革

对外经济贸易大学出版社
中国·北京

图书在版编目（CIP）数据

国际会计 / 吴革主编. —2 版. —北京：对外经济贸易大学出版社，2012
高等院校会计学专业规划教材
ISBN 978-7-5663-0406-3

Ⅰ.①国… Ⅱ.①吴… Ⅲ.①国际会计-高等学校-教材 Ⅳ.①F811.2

中国版本图书馆 CIP 数据核字（2012）第 170664 号

国际会计（第二版）

吴 革 主编
责任编辑：郭华良 汪 洋 冯小莉

对外经济贸易大学出版社
北京市朝阳区惠新东街 10 号 邮政编码：100029
邮购电话：010-64492338 发行部电话：010-64492342
网址：http://www.uibep.com E-mail：uibep@126.com

山东省沂南县汇丰印刷有限公司印装 新华书店北京发行所发行
成品尺寸：185mm×230mm 12.75 印张 256 千字
2012 年 8 月北京第 2 版 2012 年 8 月第 1 次印刷

ISBN 978-7-5663-0406-3
印数：0 001-3 000 册 定价：23.00 元

作者简介

吴革，男，1967 年生，江苏南京人，经济学博士，会计学教授，博士生导师。中国金融会计学会第四届理事会常务理事，中国会计学会财务成本分会第六届、第七届理事会理事，现任对外经济贸易大学国际商学院会计学系主任。主要研究领域：成本与管理会计、国际会计等。在《会计研究》、《南开管理评论》、《审计研究》等管理学和会计学学术期刊发表论文数十篇。出版专著有《国际会计》、《现代管理会计》、《国际会计产权制度研究》、《财务报告粉饰手法的识别与防范》、《财务报告陷阱》、《跨越财务报告陷阱》、《中国会计国际化》、《财务迷城》和《成本与管理会计》等。

第二版说明

国际会计的研究是国内外会计界近年来讨论较多的一个问题。随着经济全球化进程的加快和国际资本市场的日益发展，会计的国际化已是大势所趋，成为世界各国不可回避的现实问题。回顾我国会计改革以及会计准则建设的历史，会计的国际化一直是我国会计改革的一个中心议题，从基本准则的颁布到各项具体准则的发布和修订都体现了与国际会计准则的协调与趋同，这对我国的会计改革和发展有着深远的影响。到目前为止，无论是中国的准则制定机构、理论界还是国际会计准则理事会都认为中国的会计准则基本实现了与国际会计准则的趋同。

自本书第一版出版7年以后，国际会计领域又有了许多重大的发展，本书正是在这一背景下修订再版的，此次修订编者注意收集了学生和教师的反馈意见，希望不断加以完善，尽可能符合学生学习特点和知识层次的要求。第二版主要特点如下：（1）针对目前国际会计发展的现实，篇幅上作大幅调整，内容上有增有减。形式上由原来的十六章减至十章，去掉了国际管理会计，凸现了在国际趋同背景下国际财务会计研究的意义。（2）反映了国际会计核心内容和最新发展，拓宽学生的视野。比如增加了国际协调会计中美国会计的国际趋同与中国会计的国际趋同内容。（3）力求逻辑严密，概念准确，内容清晰，阐述简明扼要，通俗易懂，便于自学，全书文字大幅减少。

具体而言，第二版就以下各个部分作了修订，依章节顺序分别为：

1. 第一章第二节增加了伊克彼、麦尔科和伊利马拉夫的国际会计定义，把世界会计师大会概况的数据更新至2010年，在国际会计协调阶段增加了国际会计趋同阶段；第一章第三节增加了乔伊（Choi）和米勒（Mueller）的《跨国会计概要：论文选集》中的观点，更新了表1-3、表1-4、表1-5的数据，最后增加了常用的国际会计组织、团体与术语的英文缩写。

2. 第二章第一节增加了会计国际化环境原理；第二章第三节增加了基于制度安排的会计模式分类法。

3. 第三章第一节补充了美国的高质量会计准则观点；第三章第二节把英国的财务报告检查专门小组（Financial Reporting Review Panel，FRRP）翻译改为现在更为通用的财务报告审议会，补充了近年英国会计的国际化进展；第三章第三节补充了近年法国会计的国际化进展；第三章第四节补充了近年德国会计的国际化进展；第三章第六节补充了近年日本会计的国际化进展。

4. 第四章第四节补充介绍了主要西方国家有关外币交易会计与衍生金融工具会计的准则、惯例以及国际会计准则。

5. 第五章第四节补充介绍了IAS21《外币汇率变动影响的会计》的改进项目及变化影响。

6. 第六章第四节补充介绍了第22号国际会计准则、第27号国际会计准则近年的主要变化。

7. 第七章第二节补充介绍了英国SAP16的废止，IAS15的废止。

8. 第八章把原书的第九章和第十章合并为一章，名为：国际会计惯例与报表比较。重新改写了第八章第二节国际会计惯例比较；第八章第三节补充了国际会计准则理事会（IASB）第1号国际会计准则（IAS1）《财务报表的列报》的改进项目对财务报表的影响。

9. 第九章第一节补充介绍了会计形式协调和实质协调、披露协调和计量协调，提出了“协调→趋同→等效→统一”的会计国际化过程；第九章第二节把会计和报告的国际准则政府间专家工作组历次会议概况的数据更新至2011年；第九章第三节补充介绍了欧盟接受国际会计准则决议出台后所作的努力与协调；第九章第四节补充介绍了经济合作与发展组织（OECD）、国际证券组织委员会（IOSCO）近年对于会计国际协调化所做的努力；第九章第五节全新增加了美国的国际会计协调。

10. 第十章第一节更新了已发布的国际会计准则生效与废止情况；第十章第二节更新了核心准则计划的完成情况，更新补充了国际会计准则委员会所取得的成就；第十章第三节更新补充了IASB的组织结构，补充了IASB发布的国际财务报告准则（IFRS）与国际财务报告解释公告；第十章第四节全新增加了中国会计准则的国际趋同。

全书共十章，其中第一至第四章由对外经济贸易大学国际商学院吴革撰写；第五章由对外经济贸易大学国际商学院吴革、刘慧龙撰写；第六章由对外经济贸易大学国际商学院吴革、黄权撰写；第七章由大唐高鸿数据网络技术股份有限公司丁明锋撰写；第八章由对外经济贸易大学国际商学院张亚东撰写；第九章由大唐国际发电股份有限公司徐宏瑞撰写；第十章由对外经济贸易大学国际商学院吴革、李松撰写。

本书可作为高等财经院校、管理院校和商学院有关专业的学生学习“国际会计”的教材，非常适用于普通高等院校管理类专业、经济类专业、MBA专业及MPAcc专业的“国际会计”课程教材，也可作为广大经济管理干部自学或进修“国际会计”课程的参考用书。

吴　革

2012年5月于对外经济贸易大学

第一版序

经济全球化，特别是资本市场和金融市场的全球化是当今世界经济发展的一个重要趋势。与之相应的是，过去仅在一个国家范围内运作的企业会计冲破了国界，向国际范围延伸和扩展，因此国际会计已越来越受到人们的关心与重视，它代表着现代会计的重要发展趋向，是会计领域内公认的专门分支之一。随着我国加入 WTO，国际交往和国际经营活动的不断加深和拓宽，国际会计担负了反映跨国经营并为其更好服务的任务。这门学科已越来越受到人们的重视。笔者编著的这部《国际会计》正是基于这样的现实而奉献给读者的。

本书以国际会计中最具代表性的财务会计作为重点介绍对象，分别从国际比较会计、国际财务会计、国际协调会计和国际管理会计四大部分展开阐述，同时结合大量的案例分析，试图将理论与实践并重。本书具有以下几个特点：

一、博采众长，重点突出

国际会计是一门涉及面广、内容复杂的会计学分支。目前国内外已有多种版本的国际会计教材，但各自著述的内容和侧重点不尽相同。本书以国际财务会计为重点，保留了国际会计最经典的核心内容，以最小公倍数吸收了各类教材内容，基本上反映了国际会计中最具代表性的理论和实务，把握住了国际会计的核心内容——会计信息的可比性与国际化，并注意了与高级财务会计的区别。

二、结构简明，通俗易懂

在内容安排上，既考虑到各部分之间的内在联系，又本着由浅入深的原则将全部内容分为四篇，脉络清晰、结构简明。在编写体系方面，不仅运用了大量的图表和实例，而且在每章末都附有颇具特色的案例，富有启发性的思考练习题，正文中附有相关国际会计实务。分析和表述力求做到深入浅出。为了突出正文的简明性，每章末还给出了补充阅读资料，以供读者进一步深入学习和研究。

三、内容丰富，知识新颖

本书资料翔实，例证丰富，无论在资料归集、背景分析还是概念更新等方面都颇具特色。除注意继承国内外学者在此领域中的科学见解和已达到的成就外，力求在可能的范围内有所创新和发展，在基本理论方面有作者的管见和倾向性观点。作者在写作过程中特别重视搜集近年来国际会计领域的最新材料和信息，如欧盟会计的协调、购买法与权益法的存废和国际会计准则理事会（IASB）的进展，从而使本书能充分反映出时代跳动的脉搏。

全书共十六章，其中第一至第九章由对外经济贸易大学工商管理学院吴革撰写；第十章由对外经济贸易大学工商管理学院张亚东撰写；第十一章由天津理工大学张越撰写；第十二章由对外经济贸易大学工商管理学院吴革、王懿撰写；第十三章由对外经济贸易大学工商管理学院吴革、熊燕撰写；第十四章由对外经济贸易大学工商管理学院吴革、牛志鹏撰写；第十五章由对外经济贸易大学工商管理学院吴革、王欣撰写；第十六章由对外经济贸易大学工商管理学院吴革、孟显仕撰写。最后由吴革进行整体调整和修改。在本书的编写过程中，我们参考了大量国内外学者的著作、教材及文章，在此表示诚挚谢意。主要参考书目列于书后。

由于正处在知识经济变革时代，虽然在本书的撰写过程中，作者尽量融进了最新的资料和信息，但是第一手的外文资料依然不足，信息或跟不上各国会计最新的进展。由于本书涉及范围很广，受时间、资料和水平的限制，书中错误和不当之处，恳请读者、专家批评指正，以便今后修改和补充。

作　者

2005 年 3 月于对外经济贸易大学

目 录
Contents

第一篇 国际比较会计

第二篇 国际财务会计

第三篇 国际协调会计

第一篇

国际比较会计

第一章

国际会计总论

本章学习目标

1. 了解国际会计的形成和发展路径；
2. 掌握国际会计的概念和内容；
3. 熟悉会计职业界的国际化历程。

第二次世界大战以后，特别是20世纪60年代以来，国际贸易和国际投资规模迅速扩大，跨国公司的经济活动日益频繁，一些区域性经济集团的出现又使国际经济活动呈现出崭新的特征。在这种情况下，会计学所处的经济环境发生了显著变化，如何积极地比较、协调各国的会计准则与制度，消除各国会计实务的差异，加强会计信息的国际可比性，成为会计学亟待解决的课题。同时，从国际的视角理解会计，对于那些希望从事跨国商务和投资活动的人而言，也是至关重要的。在这种背景下，国际会计（International Accounting）应运而生，并成为现代会计学科体系中新的重要组成部分。

第一节　会计的国际化

会计国际化是随着国际经济的发展而逐渐被人们重视的。我们按历史发展进程，从以下四个方面来考察。

一、现代会计在国际间的传播

1494年意大利数学家卢卡·巴其阿勒（Luca Paciolio）的不朽论著《算术、几何和比例》是最早系统论述复式簿记的经典著作，被认为是现代会计的新纪元。复式记账法在意大利产生之后，向北传播，体现了会计的国际化层面。荷兰的英平于 1547 年出版的《新教程》一书，是从意大利语翻译成荷兰语，从荷兰语译成法语，再从法语转译成英语的。17 至 18 世纪，随着商业中心由意大利转到西班牙、葡萄牙和法国，会计的发展重心也相应发生了转移并且形成了各自的会计特点。英国的工业革命，使英国在世界上的经济地位大大提高，因而成为现代会计的有力传播者。英国对复式记账法的贡献主要在于工业革命扩展了复式记账法的内容，将簿记发展为会计。英国没有独享现代会计成果，而是随着“日不落大英帝国”的商船，将其传输到各殖民地，也包括后来居上的美国。

随着美国经济的迅速发展，现代会计的中心也从伦敦转移到纽约。20 世纪会计上的重大成就，基本上都发源于美国。这些成就主要包括：（1）为维护一个完善的资本市场，从传统的企业会计中分离出来、专司对外报告职能的财务会计，其主要任务是编报财务报告；（2）制定了财务会计准则，并逐步为实行市场经济的其他国家和地区所效仿；（3）为适应大工业企业内部科学管理的需要，产生了现代管理会计。

二、市场的国际化

市场的国际化首先表现为国际贸易与国际经济往来日益扩大，各国经济运行方式共同趋向市场经济，国际组织（如联合国和世界银行）对于各国经济运行的统筹和指导，以及区域组织（如欧盟和经济合作发展组织）的经济一体化进程。在此背景下，一个国家很难依靠自身孤立的资源和市场生存。各国的国际经济贸易，促进了经济资源和财富在全球市场的流通与配置，而这些资源与财富的主要记录表现为财务会计数据，其载体是财务会计报告，遵循的是各国的财务会计和报告准则。经济的全球化带动了会计的国际化，一个国家的会计产品日益被多个国家使用。S·阿潘与 H·瑞德堡在《国际会计与跨国公司》一书中写道：“当国际贸易速度的加快以及地区经济集团大量和复杂地发展时，会计方法的多样化已成为国际经济发展的障碍。”要解决上述这些国际贸易问题，客观上需要建立专门处理国际经济业务的会计，国际会计也就随着这种需求的增长而产生和发展。

三、资本的国际化

公司在本国以外寻求资本，投资者也试图在国际上分散投资风险。他们都会面临会计计量、披露和审计的国别差异问题。国际金融机构如货币基金组织和世界银行、国际性的商业银行、国际性的证券交易所等已成为推动会计国际化的重要力量。当今，除了各国的传统金融市场外，还存在着相当活跃的欧洲美元、亚洲美元和欧洲货币市场。世界货币市场和资本市场的国际化在 20 世纪 90 年代有了更为蓬勃的发展，不仅是跨国公司，即使是不在多国范围内进行经营活动的国内公司，也向国际货币市场和资本市场融通资金。国际资本市场的发展，是否需要一套各国都能够接受的公认会计准则？由什么样的机构制定和应用一套具有可比性的国际会计准则，以此来规范上市公司财务报表编制？由于各国会计环境的差异，这样的准则是否能被各国资本市场所接受？为解决这些问题，国际会计相应产生并不断发展。

四、企业经营国际化

跨国公司的形成及其经济发展对世界经济产生的影响日益加深。至今，上规模的跨国公司，世界上超过 2 000 家，其年销售额每家都超过 2.5 亿美元。跨国公司生成的产品约占全世界生产总值的1/4，国际贸易中大约有1/4的进出口交易额属于跨国公司集团的内部销售，而跨国公司的雇员人数，几乎相当于发达国家全部就业机会的1/4。对跨国公司而言，会计准则的协调和趋同更为重要。投资评价、业绩评估及其他利用会计信息进行决策的诸多方面都将从协调和趋同中受益。而且跨国公司还将发现其会计人员的跨国调动及合并报表的编制都将变得更容易。最重要的是，如果会计准则协调和趋同能够促进信息可比和增强投资者信心的话，市场流动性将随之增加，进而降低资本成本。事实上，跨国公司最早也最多地感知到会计准则国际差异所带来的不便，一直是会计准则国际协调和趋同的主要支持者和受益者。

综上所述，二次大战后，世界经济的国际化所产生的新会计问题，实质上就是要求会计具有国际性，并设定了这种国际性的会计——国际会计研究的主要内容，国际会计在经济全球化进程中扮演着十分重要的角色。现在，最令人感兴趣的会计问题大多源于国际角度。跨国交易、跨国公司的爆炸性增长和在国际市场上寻求资本的企业的急剧增加，已经使国际会计问题成为国际商务人士所面对的现实问题。

第二节　国际会计的概念和历史发展

国际会计学作为会计学的一个新分支学科，其产生和发展，并不是要取代现存的会计理论和实务，或是重新确定会计的基本延伸方向，而是顺应经济发展日益国际化的趋势，给会计领域更多概念上的发展和实务上的有用性。国际会计的概念没有改变会计学科内的任何基本性质，人们一般是把它看成会计论题的扩展和会计传统边缘的延伸。国际会计的概念是逐步建立起来的，人们不是先有了国际会计概念再去发展国际会计这一学科，而是在对国际会计问题探讨和研究的不断积累中逐渐地形成了国际会计概念。

一、国际会计的概念

（一）国际会计早期的三种理解

早期人们对于国际会计的含义可以归为三种不同的理解：

1. 乐观主义的世界会计（World Accounting）

这种观点从全球的角度出发，致力于建立一套世界各国普遍接受的统一和标准的会计模式，并在全世界加以推广、应用。换言之，国际会计就是世界统一会计，全球会计。这一观点的实质是把国际会计作为一种统一的会计模式，包括一套统一认可的会计概念框架，一套普遍接受并使用的会计准则和一套财务报告体系，其中最重要的是一套完善的国际会计准则，适用于一切国家。这是国际会计的终极理想和奋斗目标，其意义是显而易见的，即能使会计更好地为世界经济一体化服务。撇开政治、经济因素不谈，仅社会文化背景的差异一项就可略知建立全球统一会计模式的难度有多大。

2. 悲观主义的国别会计（International Accounting）

按照这种观点，要制订一套世界性的、完整的、能为各国接受的会计准则是不可能的。国际会计是通过比较、协调和处理各国会计制度、会计准则和方法的差异，以寻求国际业务中双方都能适用和接受的会计模式，国际会计是各国会计制度、会计准则和方法的比较、协调和汇集。因此应该探讨所有国家的会计原则和方法，并加以比较，以便在国际之间发生的会计问题需要处理时，可以从中找到共同适用，双方都能接受的准则、方法、程序和原则。例如美国注册会计师协会（AICPA）出版过两本书——《25个国家中的职业会计》（1964年）、《30个国家中的职业会计》（1979年），分国家逐一介绍各国的职业会计；美国的保罗·H·阿伦（Paul. H. Aron）在其所写的《国际会计与财务报告》（International Accounting and Financial Reporting）中，把各国的会计模式区分为5种类型，可以将其作为代表。换言之，国际会计主要是国际比较会计。

3. 实用主义的跨国公司与国外子公司会计（Accounting for Foreign Subsidiaries）

这种观点认为，国际会计就是协调和处理跨国公司母公司与子公司之间会计制度、会计准则和方法差异，以寻求一种合理地正确地反映和控制跨国公司的经营活动的会计模式。国际会计研究的课题几乎均与跨国公司经营活动的要求有关，即使是带有宏观性质的各国会计模式的研究，也是跨国经营所要求的。因此，应该探讨母公司与其国外子公司之间的特殊会计问题，主要研究解决国外子公司财务报表上的项目应如何按本国货币进行折算与调整，以便编制合并财务报表。换言之，国际会计的核心在于国外子公司财务报表的国际披露实务上，其研究领域较为狭窄，应用范围较为单一。

以上三种观点，美国会计学家T. R. 韦里奇（Wairich）、C. G. 艾弗里（Avery）和H. R. 安德森（Anderson）在《国际会计的不同定义》一文中概括为：（1）一个全球体系；（2）一种描述各国现行准则和惯例并提供与此有关信息的方法；（3）母公司和国外子公司之间的会计实务。上述3种理解都不能确切地反映国际会计的全部含义。第一种观点把国际会计理解为“世界会计”是一个理想的目标，它不是现实意义上的国际会计。当然，人们已向这个目标努力，国际会计准则（IAS）的制定就是一个例证。第二种观点与其说是国际会计不如说是各国会计或比较会计，而国际会计与比较会计是两个根本不同的学科，它们的研究对象、本质和特征是不同的。比较会计的本质是一门探索和研究世界若干国家普遍适用的会计模式的学科，在会计学科体系中，如同会计史对会计进行纵向研究一样，它属于对会计进行横向研究的理论性学科。第三种观点把国际会计理解为国外子公司会计未免把国际会计的范围定得过于狭窄，它最多等同于跨国公司会计。

（二）伊克彼、麦尔科和伊利马拉夫的国际会计定义

伊克彼（M. Z. Iqbal）、麦尔科（J. U. Melcher）和伊利马拉夫三位教授在《国际会计：全球观》（1997年版）中所下的定义是：“国际性交易的会计，是指不同国家会计原则的比较以及世界范围内不同会计准则的协调化。”这个定义的特点是直截了当，十分简洁，但相当全面，更突出了国际会计协调化。

（三）乔伊和米勒的国际会计定义

相对来说，美国会计学家F·D·S·乔伊（Choi）和G·G·米勒（Mueller）的看法较为全面。他们在其合著的《国际会计》（1984年版和1992年第2版）中从4个方面确定国际会计的范围：

1. 国际比较会计。它比较说明不同的会计实务，以便会计人员了解其差别，并能用以评价财务报告的成果。

2. 国际标准会计。它研究制订一个可以为世界各国所公认、并指导其有关实务的会计标准。

3. 国际实务会计。它包括跨国公司业务经营所需要的特殊会计。

4. 国际协调会计。它源于世界上一些政治性组织，如联合国或经济合作与发展组织对世界各国财务报告与标准进行的会计协调。

根据上面所包括的范围，他们对国际会计所下的定义为：“国际会计是把一般目的、面向本国的会计在最广泛的含义上扩展到：① 会计的国际比较与分析；② 跨国公司的国际工商业务及其工商企业形式所持有的会计核算与会计报告的各种问题；③ 国际金融市场所需的会计问题；④ 通过政治、企业、会计职业组织建立会计标准的活动，对世界会计和财务报告所进行的协调。”

目前看来，乔伊和米勒对国际会计的理解比较切合实际，被引用得也最为广泛。因为它反映了当代国际会计发展的以下两大趋向：（1）在国别会计基础上的国际比较分

析仍是国际会计的主要内容，同时，在世界范围内对会计和财务报告差异的协调化努力，使协调化在国际会计中占有十分重要的地位；（2）协调化来自两方面的需求，即国际金融市场以及跨国经营活动。这种需求实际上也是对协调世界范围内会计和财务报告差异的要求。国际会计之所以成为一门独立的会计学科，是由于企业的经营活动和融资活动向国外延伸，它是会计的国际面，而不像财务会计和管理会计那样是会计的一个分支，是“截面观”而不是“分支观”。

需要强调的是，尽管国际会计不限于研究企业在国际性的经营活动中所碰到的问题，但它的重点是指企业因进行超越国界的经营活动而展开的企业会计，是国内企业会计在国际范围的延伸和扩展。其研究对象主要是国际企业经营活动的价值表现，因而本质上是从价值方面对国际企业经营活动的决策、分析、控制和核算。

综上所述，国际会计是会计的一个新领域，它主要是因经济国际化对会计提出的特殊要求而产生，是以货币为主要计量尺度，以国际企业的财务报告主要使用者所在国所认可的会计准则为标准，研究某个国家的企业或经济单位由于进行超越国界的经济贸易活动、理财活动而在会计处理、财务报告和跨国管理方面引起的特殊问题，提供有益于认定国际企业经营管理者的受托经济责任的完成情况和有利于使用者决策的财务报告，并参与国际企业的有关国际经营战略和理财战略的制订、修正等工作的经济控制系统。它也进行国别的宏观会计模式的分类和比较研究，并对各国会计准则和惯例的差异如何进行国际协调的问题进行探索，以期在将来建立统一的世界会计和报告体系。国际会计的主要内容属于财务会计的延伸，其研究重点集中于跨国公司会计准则和财务报告准则。它也涉及管理会计的内容，主要指管理会计的各种现代化计量和控制方法在跨国公司中的运用。

二、国际会计的历史发展

据考证，国际经济业务的历史可以追溯到公元前300年，但国际会计作为会计学的一个分支仅始于20世纪60年代。综观国际会计发展的重要阶段及主要事件，我们也能体会到国际会计重点的转移过程。国际会计界对国际会计的研究大体上可分为3个阶段，其中1972年是被认为有重大发展的分界点。

（一）国际会计的初步形成阶段（从20世纪初到1972年）

第一阶段，是从20世纪初到1972年，这是国际会计的初步形成阶段。这一阶段人们开始认识到各国会计之间的差异给跨国经济带来的不便，从而试图解决一些区域性的会计协调问题。为此，一些国家创建了国际性或地区性的会计组织。在国际会计学发展的早期，先驱学者很大程度上是搜集归纳各国会计实务，辨识各国会计差异，对世界各国会计模式进行分类，进而探测会计差异背后的经济、法律、文化、政治和历史背景，从而形成对各国会计模式的不同划分标准。其中，主要有以环境为依据的划分法；以会计实务为依据的划分法；以势力范围为依据的划分法；兼顾以上各个方面的多层次综合划分法。其中以米勒教授的环境划分法最早、最出名。这个阶段的发展特点是不同国家的会计师通过集会交流会计信息和经验，对国际会计的研究是以考察国际会计的历史为主，尚未涉及对国际会计准则的专门研究，在减少各国会计实务的明显差别方面没有做出任何努力，而仅仅着重解决地区性的会计问题，主要表现为一些会计思想从一国范围走向世界。该阶段虽然没有涉及国际会计理论的实质性内容，但为以后的研究起到了探索和铺垫的作用。

这个阶段的最主要事件是每隔 5 年举行一次的世界会计师大会（World Congress of Accountants，WCOA），它被称为国际会计界的奥林匹克盛会，表明世界会计职业界开始关心会计的国际化问题。第一届世界会计师大会于 1904 年在美国的圣·路易斯举办，会议宗旨是向与会人士提供一个交流意见和提出解决共同问题的方案的机会。此后将近一百年的时间里，这一宗旨一直得以遵循，随着与会成员不断增加，这一会议的影响也不断扩大，此后分别在阿姆斯特丹、纽约、伦敦、柏林和巴黎等地举行。从 1952 年在伦敦举行的第六次会议起，每 5 年举行一次会议。世界会计师大会概况如表 1－1 所示。

表 1－1　世界会计师大会概况

序号	年份	地点	会议中心论题	有关说明
第一届	1904	圣·路易斯	美国会计职业的统一性	91 人参加
第二届	1926	阿姆斯特丹	会计师的职责	与第一届大会相隔 22 年
第三届	1929	纽约	欧洲公共会计师的发展	
第四届	1933	伦敦	会计的科学性，合并报表会计	决定每 5 年举行一次大会
第五届	1938	柏林		受二次世界大战影响，参加人数少
第六届	1952	伦敦	管理会计和通货膨胀会计	大会主席 H. G. Howitt 先生建议：会计界需为世界经济发展做出贡献
第七届	1957	阿姆斯特丹	外部审计和内部审计	
第八届	1962	纽约	世界经济对财务报告和审计的影响	与会代表对国际会计、国际审计感兴趣，建议建立一个固定的组织机构来解决有关会计、审计问题

续表

序号	年份	地点	会议中心论题	有关说明
第九届	1967	巴黎	合并财务报表和会计准则协调	
第十届	1972	悉尼	国际会计的目标；成立“会计职业界国际协调委员会”（International Coordination Committee for the Accoutancy Profession，ICCAP）	建议成立国际会计准则委员会（International Accounting Standards Committee，IASC）
第十一届	1977	慕尼黑	会计、审计协调问题	会议前，国际会计师联合会（International Federation of Accountants，IFAC）成立
第十二届	1982	墨西哥城	世界变化及会计师职业的职责	在 IFAC 主持下召开
第十三届	1987	东京	国际会计、国际审计准则	会议召开地点第一次由北美、欧洲转移到亚洲
第十四届	1992	华盛顿	全球经济与会计师的作用	
第十五届	1997	巴黎	会计职业与环境	
第十六届	2002	香港	知识经济与会计师	
第十七届	2006	伊斯坦布尔	会计师：促进世界经济增长与稳定	
第十八届	2010	吉隆坡	会计师：持续价值创造	

（二）国际会计的重大发展阶段（从 1972 年至 1995 年）

第二阶段是从 1972 年至 1995 年，是国际会计学的重大发展阶段。这一阶段开始建立一些研究国际会计战略问题的组织，出现了一些世界性的权力机构与民间组织，他们开展了广泛的活动，将国际会计的研究深入到了具体的方方面面，例如从跨国公司的会计问题到各国会计差异的比较与协调等，从而形成一套初具规模的学科体系。

1972 年题为“国际会计目标”的国际会计师联合会第十次会议在澳大利亚悉尼召开，奠定了制定国际会计准则的新起点。会议决定建立常设技术委员会及秘书处，继续在会议闭幕后进行工作，并且创设了会计职业界国际协调委员会（ICCAP），它是国际会计师联合会（IFAC）的前身。这次大会后成立了两个新的国际会计组织，以便有效处理和解决国际会计差异的问题。这两个组织是 1973 年成立的国际会计准则委员会

（IASC）和 1977 年成立的国际会计师联合会（International Federation of Accountants, IFAC）。它们为日后的国际会计发展作出了很大的贡献，特别是国际会计准则委员会，成为国际会计研究的核心机构。1977 年，IFAC 成立后，根据双方协商，IASC 作为 IFAC 的团体会员，仍然负责并有权用其自身名义制订并公布国际会计准则，而国际审计准则则由 IFAC 所属的国际审计实务委员会（IAPC）制定发布。可见，会计职业界不仅有自己的国际组织，而且对会计国际化的发展做出了重大贡献。此后，每隔五年举行一次的国际会计大会都把会计与国际化紧密地结合在一起。1982 年 10 月在墨西哥城召开的第十二届国际会计师大会上，J·N·特纳（加拿大前财政部长、司法部长和总检察长）指出国际通用会计准则的三个优点：国际财务信息的可比性；节省时间和金钱；使全世界的会计准则提升到尽可能高的水平。

（三）国际会计协调阶段（从 1995 年至今）

第三阶段是 1995 年至今，国际会计步入一个以标准化为显著特征的新阶段，其标志是 1995 年国际会计核心准则的制订，资本市场会计的国际化已成为时代的最强音。这一阶段实现了国际会计认识上的重大飞跃。国际会计准则委员会意识到国际会计的研究不应仅停留在各国会计准则的比较上，而应为国际金融市场服务。这一阶段的特点是众多发展中国家加入国际会计的研究与应用行列，为会计的国际化开辟了广阔的前景。这个阶段的主要事件有：

1. 国际会计核心准则协议的签订

1995 年 7 月，IASC 与国际证券组织委员会（IOSCO）正式签订了一份共同努力制定和应用国际会计准则（IAS）的协议，确定了涉及当今财务报告主要问题的五大类共 40 个题目的会计准则。如 IASC 完成了这一套核心准则的制定，并得到了 IOSCO 技术委员会的批准，那么技术委员会将会把这套核心准则作为世界资本市场中上市公司编制财务报告的准则。

2. 国际会计核心准则协议的完成

1998 年 12 月 14 至 16 日，IASC 在德国法兰克福召开理事会，讨论通过了第 39 号国际会计准则（IAS39）“金融工具：确认和计量”。至此，IASC 完成了 1995 年与 IOSCO 所达成的关于制定核心准则的协议中，有关工作计划所涉及的最后一个大项目。金融工具准则项目的通过标志着 IASC 已经成功地履行了 1995 年 7 月协议中对 IOSCO 的承诺，完成了一套全面、高质量核心准则的制定工作。2000 年，IOSCO 的技术委员会（IOSCO，Technical Committee）声明，公司跨国上市时，在辅之以必要的说明、解释和调整的前提下，IOSCO 各成员国家的证券交易所应当接受按 IAS 编制的会计报表。

3. 国际会计趋同阶段

2001 年以后，国际会计准则理事会和有关方面一直在积极推进会计准则的国际趋同，世界上许多国家在这一进程中也做出了巨大贡献，国际财务报告准则已经成为各国或地区会计准则建设及其国际趋同的基准或者标杆。但是，自2010年起，国际会计准则理事会开始在有关场合强调趋同只是各国或地区走向国际财务报告准则的一个过程，主张各国或地区应当直接采用国际财务报告准则。

国际会计发展的第三阶段意味着国际会计的研究主导已经从协调化（Harmonization）上升到了标准化（Standardization），预示着世界会计的大势所趋。在不到100年，特别是近20年时间里，国际会计由一种愿望和设想，发展到今天世界各国纷纷重视、参与和实践的繁荣阶段，显示出强大的生命力。

第三节 国际会计的内容

会计领域的国际化和会计职业的国际化进程，界定并发展了国际会计这门新兴学科的内容。国际会计的研究内容应该是解决会计所引起的国际性问题。由于国际会计的含义尚未统一，其内容当然也不成熟。如果对在世界上具有代表性的国际会计著作和目前国际会计准则所涉及的领域进行综合考察，可将国际会计的研究领域大致归纳如下：

一、F. D. S乔伊和G. G. 米勒的观点

F. D. S乔伊和G. G. 米勒的观点有“早期”与“后期”之分，其特点是把国际会计理解的较为广泛，把类似审计这类已独立成学科的内容也纳入其内。

（一）早期观点

早期的观点成熟于1978年，在F. D. S乔伊和G. G. 米勒合著的《多国会计导论》（An Introduction to Multinational Accounting）一书中，把国际会计涉及的内容归纳为9个方面：

1. 当前世界范围内会计模式的类型。着重研究各国采用的会计模式并加以分类（分组）。

2. 外国通货的转换和通货膨胀对外币转换的影响。着重研究不同货币单位的折算，涉及汇率的变动和通货膨胀的影响。

3. 国际会计准则和有关组织。着重研究目前的国际会计组织（团体）和由国际会计准则委员会制定颁布的一系列“国际会计准则”。

4. 欧洲经济共同体会计。着重研究欧洲经济共同体成员国之间在会计原则和报告准则方面的协调方案，即所谓的“BEC会计”。

5. 多国经营活动的理财计划。着重研究跨国公司的理财计划，其中包括对国际之

间的“投资报酬率”、“现金流动”、“资本成本”的计量、比较和预测，还包括国际投资风险的预测。

6. 多国税务和转让价格。着重研究跨国公司的税务和跨国公司各分支机构（作为利润中心）货物调拨（加工和销售）时，转让价格的制定。

7. 管理信息系统和控制。着重研究跨国公司内部的管理会计和管理审计。

8. 跨国财务报告信息提供。着重研究跨国公司应提供的各种用途的财务报告。

9. 其他。研究国际会计中不属于以上问题的其他问题，如发展中国家的会计、公共部门会计、国际收支会计等等。

（二）后期观点

后期的观点成熟于 1984 年，F. D. S 乔伊和 G. G. 米勒在其合著的《国际会计》（International Accounting）一书中重新调整了国际会计结构，主要包括以下 12 个方面的内容：（1）会计的国际面；（2）概念的发展；（3）比较会计惯例；（4）外币折算；（5）通货膨胀会计；（6）更多的方法问题（包括合并报表、所得税会计等）；（7）财务报告与揭示；（8）分析国际会计报表；（9）审计；（10）管理会计；（11）转让价格和国际税务；（12）国际准则与国际组织。以上这许多方面，把财务会计、管理会计、审计和公司财务管理都包括进去了。如此理解国际会计，其所研究的内容十分复杂，涉及面也非常广泛。

二、霍尔泽的观点

H. P. 霍尔泽等学者在 1984 年出版的合著《国际会计学》（International Accounting）中，列示了如下内容：（1）会计的国际面引言；（2）欧洲会计史；（3）国际企业经营活动的财务会计与财务报告；（4）多国企业合并报表的记账单位；（5）多国企业来自国外所得的美国税收；（6）国际公司税收概述；（7）跨国公司管理会计问题；（8）审计；（9）美国财务会计准则的发展；（10）英国会计；（11）工业化联邦国家会计；（12）法国会计；（13）德国财务报告；（14）德国的执业会计；（15）荷兰会计；（16）日本的财务会计和财务报表；（17）欧共体会计；（18）社会主义国家会计；（19）第三世界会计。其观点认为国际会计应更多地研究会计的国际比较。

三、乔伊（Choi）和米勒（Mueller）的观点

1979 年出版的乔伊（Choi）和米勒（Mueller）的《跨国会计概要：论文选集》，充分反映了 20 世纪 70 年代会计学者们对国际会计研究所涵盖的宽广领域，可以说是对 70 年代国际会计研究的一个缩影。全书共四集，分为 6 篇 26 个模块，共辑入论文 83 篇，第七篇列示了当时国际会计的主要著作和文献目录。现列示其 26 个模块，如表 1－2 所示。

表 1-2　《跨国会计概要：论文选集》涵盖的内容

篇名及所含模块	论文篇数
第一篇　跨国会计的性质和范围	
模块 1　是什么引发了跨国会计	3
第二篇　财务会计问题	
模块 2　外币折算	4
模块 3　通货膨胀会计	3
模块 4　跨国财务报告准则	4
模块 5　与资本市场有关的财务披露	4
模块 6　国际审计	4
第三篇　管理会计问题	
模块 7　公司的国际财务职能管理	3
模块 8　跨国风险管理	3
模块 9　财务控制与业绩评价	3
模块 10　国际转移定价	3
模块 11　国际税务	3
第四篇　当前的专题	
模块 12　企业合并	3
模块 13　“重新表述——折算”与“折算——重新表述”的论争	2
模块 14　公共会计国际化	2
模块 15　现行研究	2
模块 16　跨国公司“行为准则”的会计方面	2
模块 17　跨国经营的财务后果	2
第五篇　现行实务概览	
模块 18　欧洲	5
模块 19　北美	5
模块 20　中美和南美	5
模块 21　太平洋地区国家	5
模块 22　发展中国家	3
模块 23　非市场经济国家	3
第六篇　展望未来	
模块 24　技术转让	2
模块 25　社会责任	4
模块 26　未来挑战	1

从以上的引述中可以看出，国际会计在当前涵盖的内容，并没有在多大程度上超越上述范围。但很值得关注的是，在20世纪70年代，有关国际会计协调化的研究还只处于初始阶段，在以上26个模块中尚无立足之地。

四、本书的观点

国际会计的研究内容是国际会计理论与实务研究中分歧较大的一个问题。从目前的研究情况来看，认识基本一致的方面就是国际会计可以划分为三大部分：第一，有关不同国别的会计模式和会计制度的比较；第二，国际间的会计协调；第三，国际经济业务所引起的具有国际性质的会计实务的处理。虽然各种教材均以此作为讲述的重点，但在内容的取舍上却有一定的差异。具体来说，存在三种口径：（1）只包括财务会计的内容；（2）包括财务会计和管理会计两方面的内容；（3）包括财务会计、管理会计和审计三个方面的内容。在各个类别内，在具体内容的归类上，也存在着一定的差异。这种内容覆盖面上的差异与分析，就是国际会计内容研究上应当考虑的主要问题。

笔者倾向于第一种口径，认为国际会计是国际比较会计、国际协调（标准）会计与跨国公司财务会计的集合。它们各自反映了国际会计的一个侧面，代表了三种不同的研究方法：国际比较会计采用的是描述法，它是各个国家会计制度的比较；国际协调（标准）会计采用的是规范法，它试图建立一套各国均可以适用的会计制度；而跨国公司财务会计所采用的是经验研究法，它试图研究制定最有效的跨国公司内部会计实务。整个体系以国际比较会计、国际协调会计为基础，以跨国公司财务会计为核心，主要是财务会计的延伸，不涉及管理会计，也不应包括国际审计。国际审计更像是一门与国际会计独立的学科。

五、本书的体系结构

本书是从国际会计学科体系的内容出发，就一些重要问题分章进行分析论证，全书由主要的国际主题构成，按主题的重要顺序，分三篇，共设以下十章展开，各篇和各章内容分别为：

第一篇　国际比较会计

第一章　国际会计总论

第二章　国际会计环境与会计模式

第三章　重要国家的会计制度

第二篇　国际财务会计

第四章　外币交易会计

第五章　外币报表折算

第六章 合并财务报表

第七章 国际通货膨胀会计

第八章 国际会计惯例与报表比较

第三篇 国际协调会计

第九章 国际会计协调化

第十章 国际会计准则委员会与国际会计准则

总的来说，本书讨论国际会计侧重于国际会计中的基本原理、基本方法，重点放在国际财务会计比较上，中心点是在复杂多变的国际经营环境中，对一些会计国际面的重要问题，有关方面应如何处理做一些原则性探讨。

第四节 会计职业界的国际化

当代的世界经济正向国际一体化的方向发展，国际会计兴起带来的一个重要结果就是会计职业的国际化，这表现在不断扩大的国际性会计公司的合作关系和联络网络。三个不同的层次标志着会计职业国际化的不同程度。

一、最高层次是一体化的四大国际会计师事务所（会计公司）

国际会计师事务所最早产生于英国。英国是诞生独立会计职业最早的国家。公共会计师最初都是独自开展业务的。随着企业规模的扩大，审计业务的复杂性增加，业务量增大，独立会计师开始组织起来合伙开展业务，逐渐形成了会计师事务所或审计师事务所。股份公司由国内向国外扩张，形成了跨国公司或多国公司，使得原来为其服务的会计师事务所或审计师事务所也由国内向国外扩张，形成了国际会计师事务所。19 世纪末 20 世纪初，英国的会计师事务所开始在其他国家开办公司。例如，迪利迪奥——德佛——格里菲斯（Deloitte Dever Griffiths &Co.）于 1890 年至 1914 年间在 17 个国外城市中开办了公司。

美国早期的一些职业会计师来自英国会计师事务所。然而，绝大多数美国会计师事务所的建立却与英国没有直接的联系。这些事务所一般都在美国的多个城市建立了公司，有些还在欧洲与拉丁美洲开办了公司，还有一些则与欧洲的公司合办公司。此外，某些最初独立的美国公司后来与英国公司联合起来，或以非正式的协议相互交流工作，或以正式的契约形式共同开展业务。经过若干年后，美国会计师事务所与英国会计师事务所建立了坚实的国际联系，但大型的国际会计师事务所的形成也不只限于英美两国。

由于美国经济的发展，企业规模的增大，审计等业务需求量随之增加。为扩充实力，合并是会计师事务所满足市场服务需求最快速的办法。20 世纪 50 年代开始了会计师事务所的国际化热潮，到 20 世纪 70 年代末，形成了当时的“九大”国际会计师事务所。20 世纪 80 年代到 90 年代，国际化演变为各大国际会计师事务所之间的合并，形成了“八大”。在 1997 年，又改组成“六大”会计师事务所。1998 年，普华和永道合并成立普华永道国际会计师事务所（PwC），“六大”又成为“五大”。2002 年，由于安达信的丑闻，“五大”又成为“四大”。它们在世界范围内分地区（如欧洲、北美、南美、远东和南太平洋、近东和非洲等）形成合伙组织，再结合成一个集中管理的国际合伙组织。

表 1-3　居领先地位的国际会计师事务所（2008 年）

事务所名称	主要诞生国
德勤（Deloitte）	英国、美国、加拿大、日本
安永（Ernst & Young）	英国、美国
毕马威（KPMG）	荷兰、英国、美国、德国
普华永道（Pricewaterhouse Coopers）	英国、美国

表 1-4　“四大”国际会计师事务所的规模比较（2006 年度）

名称	2006 年业务收入（百万美元）	2005 年业务收入（百万美元）	合伙人	员工	分布国家、地区	办事处	成员所
普华永道	21 968	20 300	8 280	104 414	149	771	—
德勤	20 000	18 200	8 000	99 900	120	670	—
安永	18 400	16 900	7 217	82 299	140	700	—
毕马威	16 800	15 690	7 094	84 041	148	730	148

二、具有国际和国内双重性质的会计师事务所

第二层次是建立在联盟基础上的具有国际和国内双重性质的会计师事务所。当今世界上有二十多家这样的双重性质的会计师事务所，它们以同一名称在国际范围内从事业务经营，入伙的各国会计师事务所成为其成员所，在联盟的基础上从事国际业务经营。入伙的成员之间的财务处理一般都建立在按工作收费的基础上，在专业性服务上，则通常设有一个国际秘书处来推动交流、培训和技术工作。它们在国际上以同一名称的身份

和国际职业工作标准从事业务活动。在各自国家内，则仍以本国事务所的身份从事业务活动，这是各国国内事务所向国际性事务所发展的比较灵活的方式。

表 1-5　　按 2006 年业务收入排名第 5~10 位的会计师事务所

名称	2006 年业务收入（百万美元）	2005 年业务收入（百万美元）	合伙人	员工	分布国家、地区	办事处	成员所
德豪国际	3 911	3 329	2 348	22 355	107	621	95
均富国际	2 800	2 454	2 454	24 512	113	489	93
罗申美国际	2 700	2 502	2 502	16 594	72	630	73
日内瓦国际	2 491	2 185	2 185	10 216	61	332	227
普雷西提国际	2 400	—	—	—	65	—	—
博泰国际	2 300	2 120	2 120	21 900	93	583	126

三、从事国际业务的国内会计师事务所

第三层次是从事国际业务的国内会计师事务所。为数众多的国内性质的会计师事务所为了对其国内委托人的国外经营机构提供服务，往往通过代理协议邀请其他国家的会计师事务所进行。这种代理关系可能发展为经常性的和相互性的，但只是在有业务需要时才逐项签订代理协议。大多数国家的职业会计师协会都设有国际联络委员会来推动这方面的工作。第三层次是国内性质的会计师事务所为从事国际业务而进行的临时性协作。

最后需说明的是，为了全书后面行文的方便，将常用的一些重要的国际会计组织、团体与术语的英文缩写列示如下：

美国财务会计准则委员会（Financial Accounting Standards Board）——英文缩写 FASB

美国注册会计师协会（The American Institute of Certified Public Accountants）——英文缩写 AICPA

美国证券交易委员会（Securities and Exchange Commission）——英文缩写 SEC

国际会计准则委员会（International Accounting Standards Committee）——英文缩写 IASC（2001 年改组为 IASB）

国际会计准则理事会（International Accounting Standards Board）——英文缩写 IASB

欧洲经济共同体（European Economic Community）——英文缩写 EEC

欧洲联盟（European Union）——英文缩写 EU

英国特许会计师协会（The Institute of Chartered Accountants in England and Wales）——英文缩写 ICAEW

国际证券组织委员会（International Organization of Securities Commissions）——英文缩写 IOSCO

准则咨询委员会（The Standards Advisory Council）——英文缩写 SAC

国际会计师联盟（International Federation of Accountants）——英文缩写 IFAC

亚太会计师联合会（Confederation of Asian and Pacific Accountants）——英文缩写 CAPA

欧洲会计师联合会（Federation des Experts Comptables Europeans）——英文缩写 FEE

特许公认会计师公会（The Association of Chartered Certified Accountants）——英文缩写 ACCA

国际内部审计师协会（The Institute of Internal Auditors）——英文缩写 IIA

加拿大注册会计师协会（Certified General Accountants Association of Canada）——英文缩写 CGA-Canada

经济合作与发展组织（Organization for Economic Co-operation and Development）——英文缩写 OECD

国际会计准则（International Accounting Standards）——英文缩写 IAS

国际财务报告准则（International Financial Reporting Standards）——英文缩写 IFRS

国际财务报告解释委员会（International Financial Reporting Interpretation Committee）——英文缩写 IFRIC

公认会计原则（Generally Accepted Accounting Principles）——英文缩写 GAAP

?-思考练习题

1. 说明经济全球化与国际会计的相互关系。
2. 企业发展成为跨国公司的进程是如何影响会计的？
3. 为什么主要的会计师事务所已经成为国际性的会计师事务所？它们主要发源于哪些国家？为什么它们产生于这些国家？
4. 下列哪些国家对会计和会计术语的发展做出了历史性的主要贡献：意大利、英国、美国、日本？

5. 什么因素使得世界证券市场国际化成为可能？

6. 国际会计的基本概念众说纷纭，你是怎样理解国际会计的？

7. 简述国际会计发展的历史，并回答为什么 1972 年是国际会计重大发展的分界点？为什么 2000 年 5 月是国际会计发展的里程碑？

8. 为什么近年来国际会计问题变得越来越复杂？

9. 请利用图书馆或互联网更多地了解 IASC。什么是国际会计准则？它们是如何被世界上的个别公司和国家采用的？

10. 请利用图书馆或互联网更多地了解国际会计师联合会（IFAC）（http：//www.ifac.org/）。什么是国际审计准则？为什么要制订国际审计准则？它们在世界上是如何被应用的？

第二章

国际会计环境与会计模式

本章学习目标

1. 了解会计环境的构成因素及其环境差异；
2. 熟悉文化因素与会计模式的关系；
3. 掌握不同会计模式的分类与比较。

会计作为管理科学的一个分支，它必然处于一定的社会经济环境之中。一般地说，会计的社会环境是指对会计工作产生直接和间接影响的各种因素的总和。会计是一国的环境塑造的，它要反映该国环境所具有的特征，并且还会巩固这种特征。在国际会计中，对不同国家或地区之间的不同会计模式进行比较是进一步研究国际会计的出发点。

第一节 环境因素与会计模式的生成

一国的会计环境可以分为外在宏观环境和内在微观环境。就会计环境的重要性来看，会计宏观环境依次分为：经济环境、法律环境、文化环境和政治环境。其中文化因素我们将在第二节单独分析。

一、宏观会计环境因素

（一）经济因素

将经济环境放在会计环境的首位，突出了经济发展对会计发展有重大影响的观点，认为各国会计产生差异的首要原因是经济因素，各国经济体制决定会计模式的宏观或微观导向。更具体地说，造成会计模式差异的经济因素主要有以下几方面，即经济体制、经济外向型程度、经济发展水平、税制、资本来源形式和通货膨胀程度。

1. 经济体制

不同的经济制度有着不同的所有制、不同的所有制实现形式、不同的经济利益代表、不同的经济模式等等，这也就决定了要有不同的会计理论。譬如，在美国，企业资本来源主要是广大股东，政府或银行等经济、政治实力强大的团体对公司并不起直接控制作用。这样，广大普通投资者是企业会计报告最主要的阅读者。只有客观、充分、公允的会计报告才能保障股东的利益，提供有用的决策信息。而在德国，大银行往往是企业最大的股东，在公司管理和经营决策中作用非凡，因而会计的对外报告及信息的充分揭示就显得不那么重要了。

2. 经济外向型程度

当一国与其他国经济交流较少时，只要有传统的财务会计模式就可处理大部分会计问题。而一旦对外经贸关系不断扩大，传统的会计模式对许多涉及各国会计事项的问题就显得束手无策了。特别是随着跨国公司的发展，有关会计报表的合并、外币的折算、国际转移价格的制定、国外收入与纳税额的计算以及不同国家物价变动的影响等一系列会计问题，愈加受到企业内外的关注，从而成为会计准则、会计制度等的重点研究内容。

（二）法律因素

产权和制度经济学的研究文献表明，一个国家的私有产权保护、司法环境与规范社会经济行为的其他制度安排之间存在着重要的相互作用关系。目前世界各国主要有两种不同的法律体系，第一种称为普通（英美）法系（Common Law System）；第二种称为大陆（罗马）法系（Continental Law System）。普通法系的特点是：法律条文只提供了一个法定架构，其具体内容以大量的法院判例作为补充，可以说真正起作用的不是法律条文本身，适用法律是经过法院判例予以解释的法律规则，因此也称判例法系。普通法系下政府对会计不直接干预。大陆法系的特点是以成文法为主要形式，具有完整性和系统性的特征，其法律（由立法机关制定）中制定有详细的规则，条例（由行政机关制定的成文法）包罗万象，并不依靠法院去充实具体内容。大陆法系下会计的特点主要表现在政府对会计的直接干预。表 2－1 列示的是西方法律制度的应用情况。

表 2-1 **西方法律制度**

普通法系（英美法系）	罗马法系（大陆法系）
英格兰和威尔士	法国
爱尔兰	意大利
美国	德国
加拿大	西班牙
澳大利亚	葡萄牙
新西兰	日本

（三）政治因素

在会计准则的制定与变迁中，政治虽然不是决定因素，但是也影响准则变迁的进程。这是因为会计并不只是中立的、客观的技术，而是一个影响经济和社会管理的机制，所以须向政治程序公开，受制于政治压力。一方面，会计实务的结果通常对会计报告的编制者和使用者有显著的经济后果，此观点由泽夫（Zeff，1978）提出。他通过对几个国家准则制定过程的研究，认为会计监管的发展过程是一个政治程序，利益相关者试图影响会计监管。另一方面，会计被看做是一个经济和社会管理的有用工具。会计的政治化已经有人研究了游说情况、日程制定、接近或成为委员会关键成员的途径，以及其他试图影响会计和会计准则制定的技术。在会计准则的国际趋同中，国家间的利益关系使得这一进程必然受政治程序的影响。最突出的表现就是会计准则的变迁受到政府的干预，甚至是政府主导。

二、微观会计环境因素

（一）企业资本来源形式

以“负债/内部所有者”与“权益/外部所有者”的差别作为财务报告国际差异的关键因素，可对部分国家进行初步分类，如表 2-2 所示。

表 2-2 **以公司融资为基础的初步分类**

负债/内部所有者类	权益/外部所有者类
较弱的权益市场	强大的权益市场
核心是内部股东	许多外部股东
小规模的会计职业界	规模庞大的会计职业界
税收政策影响会计法规	会计与税收法规分离
代表的国家：法国、德国、意大利	代表国家：澳大利亚、英国、美国

这种分类方法可得出两个重要结果：（1）归属负债/内部所有者类的国家，对经审计的、公开的财务报告没有巨大的市场需求。所以，年度会计报表的需求与政府对应税收入计算的需求紧密联系。结果，税收方面的考虑会对会计法规起决定性的作用。相比之下，归属权益/外部所有者类的国家，会计执行着市场的功能，所以其法规必须从税收法规中分离出来，形成两套会计法规：一套针对财务报告，一套服务于应税收入的计算。(2) 负债/内部所有者类国家比权益/外部所有者类国家对注册会计师的需求要少得多，这会影响到会计职业界的规模和地位。归属权益/外部所有者类的国家，证券市场发达，股份公司重要，会计规范的权威主要来自于证券管理部门，有关的会计规定也主要是针对股份公司制定的。

（二）企业管理要求

会计以核算为基础，进行信息处理并借以对经济行为进行监督、控制并作出决策，会计行为就是一种管理行为，它构成管理活动的重要部分。会计行为很大程度上取决于企业管理的要求，不同的管理要求必然导致不同的会计行为。

三、会计环境原理

著名会计史学家迈克尔·查特菲尔德曾经说过："会计的发展是反应性的……会计主要是应一定时期的商业需要而发展的，并与经济的发展密切相关。"会计环境变更制约会计体系的发展与改革，会计环境是会计创新的动力和源泉；而会计体系的改革与发展又能动地反作用于会计环境的变更。特定的会计体系总是依存于特定的会计环境，并反作用于特定的会计环境。这就是会计环境的基本原理。

我国学者王跃堂指出会计国际化的进程实质上取决于会计国际化的供求关系。从需求的角度看，会计国际化要求各国采用统一的会计标准，譬如国际会计准则，这是产生可比的财务报告的前提。从供给的角度看，会计国际化要求提供与会计标准相适应的执行机制，因为这是统一的会计标准产生可比的财务报告的保障。会计准则的国际化只是形式上的协调，产生可比的财务报告才是实质上的协调，而是否具备国际会计准则所要求的支撑环境，能否提供与之相适应的执行机制是形式上的协调变为实质上的协调的关键。因为任何准则都是基于某种支撑环境制定的，离开其设定的环境，准则执行就难以取得预期效果。因此会计国际化不仅要考虑会计准则国际化的需求，也应考虑国际会计准则支撑环境的供给，在需求与供给的平衡中推进会计准则的国际化。

第二节 文化因素与会计模式的关系

早期国际会计的研究大多集中于技术方面，而近来的发展已深入到社会文化层面上来认识和处理有关问题。本节试图通过对国际会计文化研究两大理论的介绍与分析，归纳和总结这一方面研究的代表性理论框架。

一、社会文化研究框架

文化环境是指对会计模式系统的形成和发展具有制约和影响作用的各种文化因素的总和，包括思想观念、价值趋向、思维方式、行为准则以及语言文字、风俗习惯等。对于社会文化研究，荷兰学者霍夫斯泰德（Hofstede）做出了重大贡献，他将文化定义为一部分特定的人区别于另一部分特定人的心理特征的总和。1980 年他通过一项对 53 个国家和地区的 10 万余名跨国公司职员进行的问卷调查，用统计方法归纳出四个用以区别民族文化特征的社会价值层面（A View of Social Value）：

1. 个人主义与集体主义（Individualism Versus Collectivism）。指社会成员个人与集体的关系，或对个人利益和集体利益的选择。倾向个人主义的社会将个人利益置于集体利益之上，行为也比较不受集体约束；倾向集体主义的社会，其成员则通常比较忠于集体利益，服从集体约束，其个人利益及成就常体现于集体利益及其成就之中。

2. 权力距离大小（Large Versus Small Power Distance）。指社会成员对社会或组织中的等级制度或权力分配的容忍、接受程度。权力距离大的社会对等级制度或权力分配不公所造成的不平等现象的容忍程度高，因此比较服从权威。权力距离小的社会比较追求平等公正，权力均衡，相互尊重，对社会或组织的要求及参与程度高。Hofstede 认为，集体主义国家通常显示出较大的权力距离，个人主义国家不一定显示出较小的权力距离，但所有贫穷国家都显示出了集体主义和较大的权力距离。

3. 对不确定性的回避程度（Strong Versus Weak Uncertainty Avoidance）。指社会成员在面对风险、新生事物或不明朗情况下会采取的态度，是坦然相对、泰然处之，还是惶恐不安、如临大敌。对不确定性回避程度大的社会，比较保守，不愿意冒风险，较可能排斥新生事物，不大容忍离经叛道的个人行为及观念。而对不确定性回避程度小的社会，倾向维持一种宽松的环境，接纳各种新生事物，容忍各种叛离行为及观念，更关注实务而不是原则。

4. 阳刚与阴柔（Masculinity Versus Feminity）。指社会成员对个人成就和生活态度的看法。在阳刚社会中，人们倾向追求个人财富及事业成就，赞赏决断能力，崇拜英雄。而柔性社会则比较注重生活质量、重视人际关系，较同情及愿意帮助弱者，注意保护环境等。

Hofstede 根据其研究资料总结，属于盎格鲁—撒克逊族（Anglo-Saxon）的国家，如美国、英国、加拿大、澳大利亚等国，倾向个人主义；德国、法国就没有如此强烈的个人主义；发展中国家倾向于集体主义。在权力距离方面，发展中国家权距较大；英美等发达国家权距较小，法国则属例外。在对不确定性的回避程度上，英、美等国回避程度较小；德、法两国及发展中国家回避程度较大。在阳刚与阴柔的比较中，日本是最为偏重阳刚的社会，而泰国、韩国更偏向阴柔。Hofstede 根据其本人提出的四维文化模式，对股票市场受会计信息披露的影响又做过调查，结果表明：会计披露程度的要求与权距、个人主义、阳刚性正相关，而与不确定性的回避程度负相关。这个结论解释了不同的文化是造成会计披露国际差异的根源，因为文化的差异导致了对会计信息披露的不同要求。

二、会计亚文化理论框架

Hofstede 提出的以文化为基础的社会价值标准与各国会计惯例、会计准则之间还缺乏一种直接的联系，在 Hofstede 的社会文化研究框架的基础上，苏格兰格拉斯各大学（The University of Glasgow）教授格雷（J. Gray）于 1988 年提出了一种把文化因素与会计惯例联系起来的理论框架。他认为，社会价值标准通过人们的思想行为渗透到各种组织和职业中，不但影响组织文化和职业文化，也影响到社会上各种制度的建立与运作，那些把社会价值标准（文化）与直接影响一国会计制度与会计惯例发展相联系的文化称为会计亚文化（Accounting Sub-Culture），也称会计价值（Accounting Value），它是指会计信息提供者对会计实务所持有的观点。这些观点包括：由谁制定会计制度？由谁监管会计制度的执行？会计制度是弹性还是刚性？会计信息披露程度应当高还是低？收益计算是否应倾向保守等等。由于这些观点直接影响会计实务，并且他们直接受到文化的影响，所以他们是介乎于文化与会计实务之间的会计亚文化层次。

J. Gray 在分析社会价值观与会计亚文化的关系时认为，社会价值对会计的影响通过两个途径进行：一方面通过社会上各种制度（如政治、法律、经济、教育等）对会计产生影响。例如，间接的有政治、法律、企业所有权等制度对全国性会计制度产生影响。另一方面，通过影响会计亚文化而对会计制度和会计实务产生影响。通过对会计文献的会计惯例的考察，Gray 提出了四组与社会价值标准相关的会计价值标准（会计亚文化）：

1. 职业化与法律管制（Professionalism Versus Statutory Control）。是指在会计实务中是坚持发挥职业判断能力并保持职业自律，还是遵守法律法规、减少会计人员独立判断的空间。职业化强的会计社会倾向于减少政府干预，由会计职业团体或其他独立机构制定准则，会计规范较原则性，强调会计人员的自我管制能力。而职业性较弱的社会倾向于政府用法律法令规范会计制度和会计实务。

2. 统一性与灵活性（Uniformity Versus Flexibility）。是指会计规则是否应当详细规定每一细节，并用法令强制统一实施。重视统一性的会计社会倾向于用法律手段统一实施会计实务，企业因地制宜进行会计处理的余地较少。在着重灵活性的会计社会中则倾向于特殊情况特殊处理，不同的情况具有较灵活的会计实务。

3. 稳健主义与乐观主义（Conservatism Versus Optimism）。指面对未来的不确定性，是采用稳健的方式还是激进的方式去计量会计要素。稳健的会计亚文化要求会计人员以谨慎的态度来核算公司的利润，乐观的会计亚文化则倾向于采用乐观的、带有风险的、创新的会计核算方法。

4. 保密性与透明性（Secrecy Versus Transparency）。是指会计信息只向与公司管理活动和资本融通活动密切相关的人士披露，还是采取公开的、透明的方式向更多人士披露。保密性的会计亚文化倾向于将会计信息作为商业秘密来处理，而透明性的会计亚文化则乐于公开会计资料，展示经营业绩。

为探讨 Hofstede 提出的四个社会价值和上述四个会计价值的关系，Gray 提出了如下四个假设：

1. 一个国家个人主义倾向越大，权力距离越小，不确定性回避程度越低的社会，会计职业特性越强。

2. 一个国家集体主义倾向越大，权力距离越大，不确定性回避程度越高的社会，其统一性的会计价值越高。

3. 一个国家不确定性回避程度越高，个人主义倾向越小，阳刚性越低的社会，稳健主义的会计价值越高。

4. 一个国家不确定性回避程度越高，权力距离越大，个人主义倾向和阳刚性倾向越低的社会，其保密性的会计价值越高。

对 Gray 提出的这些假设，1989 年 Eddie 运用实证的方法进行了验证，其结果基本上与 Gray 提出的上述假设一致。Gray 进一步认为，在 Hofstede 的社会价值层面的四个维度中，对不确定性回避程度和个人主义两个因素是在会计亚文化关系中最具影响力的。而会计亚文化的价值则可以在一些会计惯例中，如会计准则制定、会计准则的监管和实施、会计计量和信息披露中找到自己的表现形式。Gray 通过会计价值的组合，把会计价值区分为以下两类：与会计制度的制定和实施有关的维度（职业化和统一性）；与会计制度的计量、披露相关的维度（稳健主义和保密性），并提出了如图 2－1 和图 2－2 所示的对会计文化圈所进行的分类。

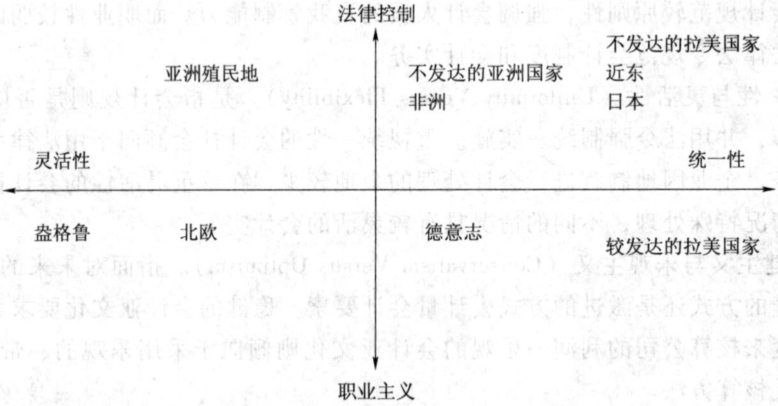

图 2-1　会计文化圈的分类假设：制定与实施

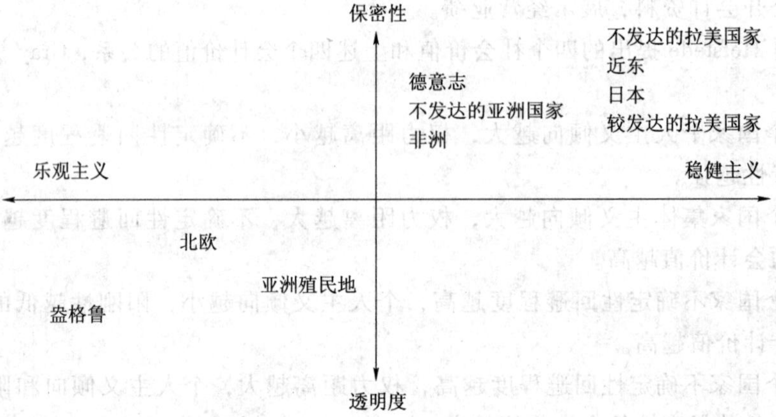

图 2-2　会计文化圈的分类假设：计量与披露

图中，“盎格鲁”指美、英及其影响的文化区；“德意志”指德国及其影响较大的欧洲大陆文化区。根据图 2-1 可知，相对于北美、北欧各国而言，发展中的亚洲各国和日本一样，在会计制度的制定方面，法制化的色彩比较浓；在其实施方面，统一性的色彩比较浓。根据图 2-2，相对于北美、北欧各国，发展中的亚洲各国和日本，在会计计量方面比较倾向于采用稳健的方法；在会计信息的披露方面，保密性的色彩比较浓。

Gary 理论框架的前提是基于“行为是文化的函数”这一命题，在这一命题下，Gary 理论框架可概括为：不同的文化环境 → 不同会计人的塑造 → 不同文化价值观的形成 → 不同的会计行为方式（即会计惯例处理和会计理论研究的行为方式），具体如图 2-3 所示。

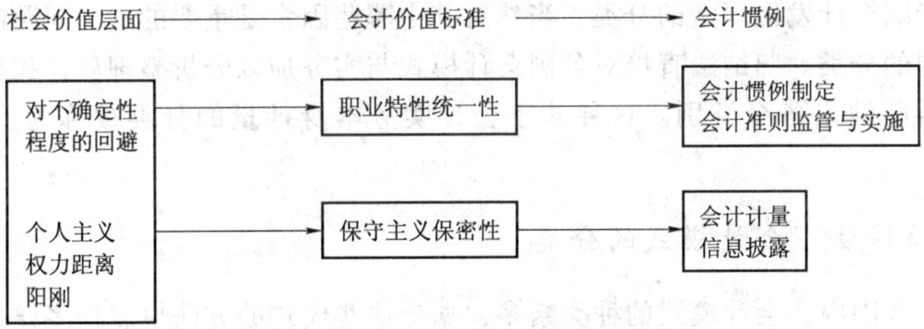

图 2-3　Gray 理论框架

第三节　会计模式分类与比较

在国际会计研究中，人们并不是逐个国家地进行会计模式比较，而是通过对不同会计特征的抽象概括，将其归纳为更具有共性的模式，以便对会计的性质、职能等进行更为全面而深刻的理解。

一、会计模式概述

所谓“会计模式”（Accounting Models），简单地说就是关于特定经济环境下会计实务的标准形式（范式），就是用一些抽象化和定型化的概念，对一定社会环境下会计活动的各种要素按照一定逻辑进行综合描述，反映其各种要素基本特征和本质联系的有机整体，是对一定社会会计的主要特征所做的综合表述、反映、概括和描述。在国际会计与比较会计研究中，有一对往往为人们交替使用的概念，那就是会计制度和会计模式。应当承认，会计制度、会计模式有同一的一面，但也存在差异，那就是会计模式比会计制度更为抽象一些。

会计模式的国际分类研究一度是 20 世纪 60 至 80 年代会计研究、尤其是国际会计研究的热点，Shoenthal（1989），Salter 和 Niswander（1995），Roberts（1995），Nobes（1983，1998），Nair 和 Frank（1980），美国会计学会（AAA，1977）等在此方面做出了

重要的贡献。同时，会计模式的分类也是经典国际会计教材中的重要内容，Radebaugh等（2006），Nobes和Parker（2006），Choi和Meek（2005）在其著作中均不吝笔墨地介绍了会计模式的不同分类方法及特征。尽管会计模式划分种类繁多，但从研究方法上看可归纳为两大种：演绎法（Deductive Approach）和归纳法（Inductive Approach）。演绎法根据观察形成一套分类理论，再根据该理论去验证结果，也称为“外部的分类”。例如，基于影响会计发展因素的分类，当然对其中哪些因素是重要的这一问题的不同结论会导致不同的分类。归纳法直接对各国会计模式与实务加以分析整理后，找出相同或相异之处，再归纳出各个类别。这种基于会计实务本身计量的分类被称为“内在的分类”。

二、演绎法下会计模式的分类

在世界范围内，会计模式的种类繁多，划分这些模式的方法也多种多样，倘若详尽考察国际会计和比较会计的研究，我们不难发现，已提出的会计模式划分法主要有如下几种：

（一）以商业经营环境为依据的划分法

美国会计学者格哈特·米勒（Gerhard Mueller）是采用这种方法划分会计模式的先行者。米勒强调，存在于一个国家的会计制度类型是该国政治、经济和其他环境因素的产物。这些因素决定了会计体系的性质。这也表明其他国家的规则一般不适用于该国，所以应该选择最适合该国的会计制度。这一分类被认为基本上囊括了目前世界上正在实践中的会计，是迄今为止最好的分类方法之一。1967年，米勒不是直接根据会计实务的差异，而是间接依照某一会计制度在其发展过程中受经济、政治等因素影响的程度，提出将世界范围内的会计模式分为如下四类：

1. 宏观经济结构内的会计模式

宏观经济结构内的会计模式将会计视为协调政府管理宏观经济的手段之一，是国家实行宏观经济政策必不可少的附属物。这种发展模式中，会计与国民经济政策密切相关，公司的目标要服从国民经济政策。为了提高经济和企业经营的稳定性，一般都鼓励企业将各年利润平滑化，折旧率的调整要适应刺激经济增长的需要，允许建立特种储备以鼓励投资，为了宏观经济的需要而重视增值表、社会责任会计和税务会计。瑞典即是该种模式的例子。

2. 微观经济结构内的会计模式

微观经济结构内的会计模式体现了西方经济中长期占主导地位的思想——自由的市场经济思想，会计发端于微观经济原则。会计被视为是企业经济学的分支，强调经济活动的中心是私人和企业。会计在其计量和计价过程中要反映经济活动的现实，这意味着会计规则既要成熟又要有灵活性。基本的会计概念是要保持公司资本的真实价值，因此重置成本会计得到重视。荷兰会计属于这种模式。

3. 独立发展的会计模式

这一会计模式依据着这样的理念：会计在其发展过程中，应以符合企业的需要这一实用的商业理论为基础，会计应主要为商业提供有效率和有效果的服务，不要过多地受到某种宏观或微观经济理论的影响，应独立于政治和经济理论而发展。在实践中，英美两国是这种会计模式的范例。

4. 统一型会计模式

统一型会计模式强调国民经济的总体规划和统一的政策，会计被视为对企业进行行政控制的一种手段，在这点上，它与宏观经济结构下的会计模式是一致的，所不同的是，它特别强调高度统一性这一特征。政府将会计作为管理企业的一种手段，制定和实施统一的会计制度，使得会计实务有比较高的统一性。会计可以用于衡量业绩、分配资金、控制价格、收取税金等。法国会计是这种模式的典型。

（二）以“势力范围”为依据的划分法

阿伦（Paul H Aron）博士根据会计保护谁的利益，将世界范围内的会计模式分成5大类：即英国模式，美国模式，法国—西班牙—意大利模式，北欧模式和社会主义模式。

1. 英国模式

英国模式的特点是强调“真实与公允”，主要出于保护证券持有人，特别是债权人的需要。二战前，英国的会计模式流行于整个英联邦和它的所有属地。目前仍流行于以下一些国家和地区：印度、巴基斯坦、新加坡、马来西亚、尼日利亚、加纳、肯尼亚、百慕大、南非、巴哈马、津巴布韦及香港。

2. 美国模式

美国模式的特点是强调“公认会计原则（GAAP）”，主要为了保护企业外部与企业有利害关系的集团和个人（特别是只依靠企业公开的财务报告才能得到会计信息的投资人、债权人和类似的报告使用者）的利益。

3. 法国—西班牙—意大利模式

法国—西班牙—意大利模式的特点是服从纳税的需要，它是一种“面向税务的会计（Tax—oriented Accounting）”。按照这一模式，会计师在审核财务报告时，必须使之符合税法的规定，目的在于增加财政（赋税）收入，加强对企业的监督。法国—西班牙—意大利模式还流行于以下一些国家：比利时、葡萄牙、希腊、土耳其、黎巴嫩、埃及、阿尔及利亚、摩洛哥、扎伊尔、刚果、秘鲁、厄瓜多尔、哥伦比亚、巴西等。

4. 北欧模式

北欧模式的特点是面向公司，以公司利益为导向，是一种从企业角度出发以维护企业利益为主的会计模式。它以德国、荷兰、瑞士、瑞典、挪威、芬兰的会计模式为代表。

5. 社会主义模式

社会主义模式是实施中央集中计划经济国家的会计模式，其特点是服从并服务于计划经济，强调产值、总利润，是有系统的、方法复杂多样的成本会计。

（三）多层次综合划分法

英国学者诺比斯教授（C·W·Nobes）对前述的几种分类提出批评：（1）对分类对象的定义缺乏精确性；（2）缺乏可以比较统计结果的模式；（3）缺乏可以增加表现各国差异大小的敏锐程度的层次划分；（4）在选择重要的鉴别特征上缺乏判断。为了从一个全面的角度进行会计模式比较，克服上述分类中只采用单一标志（如企业环境因素或会计实务因素）所造成的缺陷，诺比斯提出了独到的假设性分类，采用分层的结构方式，不仅要表明最终分组的原因，而且要指出不同国家会计体系之间如何相似或不相似，采用多标志分类插入表格的方法使其会计模式的分类可以进行更为广泛的会计模式的比较。

如果更为详细的研究林奈的生物分类法，人们会发现，生物学家在对动物进行分类时，往往忽略那些最为明显的特征。也就是说，他们并不根据重量、颜色、腿的数量、身体表层的特征以及寿命的长短等因素对动物进行分析。因为这些只能导致对这些数据的分类，会将人比作鸵鸟，将海豚比作鲨鱼，将蝙蝠比作猫头鹰等。事实上，生物学家注重的是涉及基本（但不明显）特征的主观模式，认为比起其他任何三类动物，人、海豚、蝙蝠相互间更为接近，这样就会发现行为、智力、繁殖能力及世袭关系在分类中开始吻合。因此，生物科学家采用进化论的分类，并注重那些基本的主要变量。

诺比斯借鉴生物学中多层次分类方法，把会计模式按纲（class）、亚纲（sub-class）、科（family）、种（species）4个不同层次划分开来，并以会计发展过程中互不相同的较为重要的因素作为更详细分类的基础。此外，在检验所提出的分类时，重要的是只考虑基本差异，如果考虑了大量的细节，那么找到的许多差异可能只是暂时的或由于偶然因素而产生的。

诺比斯的研究根据各国公开公司的财务报告惯例对各国进行分类，所选择的国家是西方发达国家，报告实务涉及计量和计价。进行分类的时间是1980年，在欧盟国家执行关于公司法的第4号指令之前。研究之所以选择计量和计价惯例，是因为他们决定了利润、资本资产总额、流动性等数额的大小。这一分类包括了14个发达国家，包括被梅森定义为在国际协调化目的中至关重要的6个国家。具体分类见图2－4。

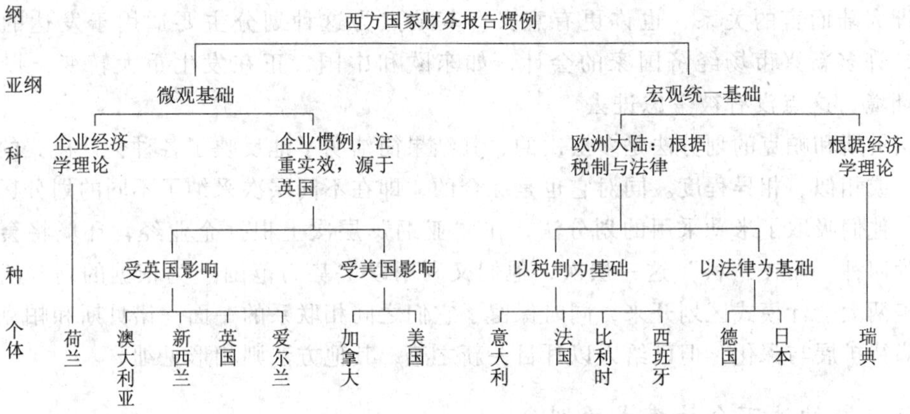

图2－4　诺比斯多层次分类方法

图2－4清楚地告诉我们，它先将各国会计实务按面向微观经济还是宏观经济分为两大类，然后在以微观经济为基础的类别中进一步分为：（1）以企业经济学为指导，注重理论的会计模式，如荷兰。（2）较多考虑企业实务，受实用主义影响较深，起源于英国，而后发展为美国模式，为一系列的国家所采用。具体有：①目前仍受英国影响的模式。除英国和爱尔兰外，还包括属于英联邦的澳大利亚及新西兰。②后来受美国影响较深的模式，包括美国、加拿大。在以宏观为基础的模式中，以政府为主导的会计也有两种不同形式：（1）受政府政策及宏观经济理论影响较多的模式，如瑞典。（2）政府依据税制或法律指导会计实务，可分为：①以税制为基础，包括西班牙、比利时、法国和意大利。②以法律为基础，如日本和德国。从上图14个国家会计模式的划分可以看出，加拿大会计比荷兰会计更接近于英国会计，因为加拿大和英国属于同一个科；而澳大利亚会计又比加拿大会计更接近与英国会计，因为澳大利亚与英国属于同一个种；至于美英两国会计虽然属于同一个科，却不属于同一个种，表明他们虽然性质相似，但仍存在着差异。

诺比斯分类的特点是：（1）所划分的两类（微观基础和宏观基础）对应着两种法律制度（普通法系和大陆法系），这种分类基础说明法律制度是影响会计发展的决定性因素，而且是对会计进行分类的基本出发点。（2）所划分的四个“科类”对应着米勒提出的四个比较发展模式。（3）这种分类方法只基于实务计量，并没有考虑实务披露。一般而言，披露实务比计量实务更容易改变。目前许多国际上市公司编制双重会计报告：一套给国内使用者，另一套给国际投资者。（4）清楚地表明各组间相对差距的层次。以往的分类包括不同的组，但没有划分可以表明各组间相对差距的层次。将英国和美国归入不同的组也许是合理的，但如果能够指出这两组相对于欧洲大陆而言的关系，也许更有意义。其缺点为这种划分主要适用于发达的西方国家，许多新兴市场经济国家的会计，如东欧和中国，正在发生重大转变，以适应新的环境，这点没有被考虑进去。

诺贝斯和帕克的划分法是多层次的，其结果简洁明了地反映了各种会计模式的内在联系，或相似、相异程度。同对它也是综合的，即在不同层次采纳了不同的划分标准或依据。他们吸取了米勒采用的划分法，在“亚纲”层次上根据企业经营环境将会计模式分为四种。而在“科”这一层次，他们又利用以“势力范围”为依据的划分法，将英、美两大会计模式区划开来，同时保留了它们之间相联系的一面。诺贝斯和帕克的划分法尚待扩展与深化，但已给人以耳目一新之感，其他方法则相形见绌。

三、归纳法下会计模式的划分

任何一个国家都有两种应分别定义的会计体系，即计量体系和披露体系，这两个体系常常是由不同组织所控制的。例如，在美国，SEC 制定披露原则，而 FASB 制定计量原则。在决定计量和披露原则时，所用的选择标准是不同的。在决定适当的计量原则时，重要的标准有客观性、可靠性和稳健性，而决定披露原则时，更为重要的则是一致性、可比性、相关性和成本。计量原则似乎对所有公司都是一致适用的，而披露处理则受公司特殊情况如规模、行业及股票市场行为的影响。在这种推理下，费兰克（W·G·Frank）和奈尔（R·D·Nair）于 1980 年将普华会计师事务所在 1973 年对 38 个国家的会计师事务所作问卷调查的结果分为两部分：计量原则和披露原则。他们得出结论，认为这两部分数据确实存在着不同的分类小组。而且，用计量数据比用披露数据所得到的小组更易直观理解，也更稳定。运用统计方法加以分析之后的研究结果表明，这 38 个国家在 1973 年的会计实务就会计计量而言，可以分成四种模式，参见表 2－3，分别以英联邦、拉丁美洲、欧洲大陆和美国模式为特征；但就会计披露而言，则可分成以联合王国、德国、法国、美国、智利、瑞士及瑞典等国为首的七类会计模式，参见表 2－4。这项结果看起来似乎很有道理，而且与前面有关各国会计制度的研究也基本上保持一致。但是，以会计计量为标准划分出来的四类国家集群，与以会计披露为标准划分出来的七类国家集群之间的差异却无法合理地予以描述与解释。

表 2－3 按会计计量划分的 4 类国家集群（1973 年资料）

英联邦模式	拉丁美洲模式	大陆欧洲模式	美国模式
联合王国	阿根廷	比利时	美国
澳大利亚	玻利维亚	法国	加拿大
巴哈马	巴西	联邦德国	日本
爱尔兰	智利	意大利	墨西哥
斐济	哥伦比亚	西班牙	巴拿马
牙买加	埃塞俄比亚	瑞士	菲律宾
肯尼亚	印度	瑞典	（6）
荷兰	巴拉圭	委内瑞拉	
新西兰	秘鲁	（8）	
巴基斯坦	乌拉圭		
罗得西亚	（10）		
新加坡			
南非			
特立尼达和多巴哥			
（14）			

表 2－4 按会计披露划分的 7 类国家集群

1	2	3	4	5	6	7
联合王国	玻利维亚	比利时	加拿大	阿根廷	瑞典	瑞士
澳大利亚	联邦德国	巴西	墨西哥	智利		
巴哈马	日本	哥伦比亚	荷兰	埃塞俄比亚		
爱尔兰	印度	法国	巴拿马	乌拉圭		
斐济	巴基斯坦	意大利	菲律宾			
牙买加	秘鲁	巴拉圭	美国			
肯尼亚		西班牙				
新西兰		委内瑞拉				
罗得西亚						
新加坡						
南非						
特立尼达和多巴哥						

四、一个新的思路——基于制度安排的分类法

到了20世纪90年代，在会计准则国际协调的背景下，各国会计准则甚至会计实务趋于一致，原先基于会计准则与会计实务的会计模式分类研究也失去了比较的依据与基础。一国的会计模式不仅包括会计准则与会计实务，还包括支撑会计准则和会计实务的制度基础以及宏观环境，相对于会计准则，这些制度因素与制度环境对会计体系质量特征（如盈余稳健性、盈余管理、价值相关性等）的影响往往更加重要（Ball 等 2000, 2003）。如果仅仅在会计准则上实现国际准则趋同，而没有配套的制度安排与制度环境，那么会计准则国际趋同未必能实现提高财务报告质量的目标。Nobes（2008）则开明宗义地强调了在国际财务报告准则（IFRS）时代继续研究会计模式分类的重要性，他指出，即便各国强制采纳 IFRS 或者向 IFRS 趋同，但其会计模式仍然存在差异，具体表现在各国对 IFRS 遵循的程度有差异、IFRS 适用范围不统一以及准则执行存在偏差等方面。因此，即便在 IFRS 时代，继续对会计模式展开分类研究仍然有很大的必要性。

虽然演绎法与归纳法对会计体系的国别差异都展开了深入研究并取得了重要的研究结果，但这两种分类方法都存在一定的不足。演绎法假定会计体系特征受到经济、法律、政治以及文化等宏观因素的影响，但这些宏观环境因素是否能准确描述一国的会计体系特征，尚缺乏足够的经验证据。而归纳法假定会计准则是会计体系的主要鉴别特征，但在会计准则趋同的背景下，不同国家的会计准则的差异乃至会计实务的差异将逐步缩小，以会计准则或会计实务作为分类依据的归纳法将不再适用。因此，在会计准则趋同的背景下展开会计体系的分类研究，必须要找出能体现会计体系主要差异的鉴别特征，而现有的经验研究为确定会计体系主要鉴别特征提供了思路与证据。

Ball 等（2003）比较了东亚四个经济体（香港、马来西亚、新加坡和泰国）、普通法国家（澳大利亚、加拿大、美国、英国）与成文法国家（德国、法国、日本）的盈余稳健性，结果表明这四个经济体的会计准则虽然源于普通法系，但盈余质量更加类似于成文法国家。这一结论表明，除会计准则之外的财务报告动机、制度基础以及制度安排对会计体系有着直接甚至是首要的（first order effect）影响。财务报告的基础设施与制度安排作为会计体系的基本特征，也可以作为会计模式的分类依据。并且国际组织及金融学研究提供了关于财务报告各项制度安排的数据指标，使得基于制度安排的会计模式分类研究具有可操作性。以制度安排作为分类依据，对样本国家展开分类的研究是模式分类的一个新的角度，但目前还没有取得权威的结果。

最后需要指出的是，西方会计学者一般认为，虽然各种分类研究得出的特定结论不同，但仍可以得出一般结论。特别是，会计发展显然不是一个随机过程，而是受特殊环境的刺激而发展起来的。尽管具体的细节问题还在激烈的争论中，但上述这些关于会计

模式划分的理论可以稳定一段时间，近期的研究结论看起来不会与15年甚至更久以前得出的结论相差太大。但笔者认为全球经济一体化对未来会计发展模式产生的影响非人们所能预料，上述会计模式划分理论至少还有以下不足：（1）这些研究主要适用于发达的西方国家，新兴市场经济国家的会计（例如中国、东欧）目前正在发生重大转变；（2）这些研究主要针对会计计量实务，但对于会计披露实务则不然，而披露实务比计量实务更容易改变，改变计量的压力有时因修改披露而突显出来；（3）这些研究主要在国家层次上考察会计，而不是在跨国层次上，但现实是越来越多的公司需通过编制双重会计报告进行跨国上市。

思考练习题

1. 讨论理解文化因素对学习国际会计的意义和重要性。

2. 试分析社会价值观、会计价值观、会计制度与实务之间的相互联系。

3. 试结合我国的社会环境，谈谈它是如何影响我国会计实践的。

4. 进行各国会计模式分类的目的和意义是什么？

5. 为什么进行会计模式划分需要对计量和披露加以区分？采用数据调查得到的研究结果是否可靠？

6. 你认为哪种会计模式划分比较可取？你对会计模式划分有何构思和设想？

7. 在影响会计发展的社会经济环境因素中，解释每一个因素是如何影响会计实务的。

8. 在影响会计发展的社会经济环境因素中，按照它们对会计发展产生影响的重要性从高到低排序，然后验证你所排列的最高项目和最低项目。

9. 在各国之间，会计实务的区别用经济、法律和文化因素，哪一个解释更好？为什么？

10. 为什么计量实务相对稳健的国家在披露上倾向于保密？而计量方法不太稳健的国家则在披露上倾向于透明？

11. 在诺比斯对会计制度的分类中，微观基础国家的会计与宏观统一国家的会计的根本区别是什么？它们有何相同点？

第三章

重要国家的会计制度

本章学习目标

1. 了解国别比较会计的重要性；
2. 掌握美国、英国、法国的会计制度；
3. 熟悉德国、荷兰与日本的会计制度。

进行国家间的对比，是国际比较会计研究的内容之一，在西方国际会计的著述中，通常把这一部分叫做国别研究（Country Studies）。在国别研究中，一般来说，只能选择几个具有典型意义的国家作为比较对象，即阿利斯特·梅森（Alister Mason）在1977年《国际财务报告标准、问题和展望》中所提出的“重要国家”概念。梅森认为，财务报告的协调化只有得到一些国家的支持才能实现，而应用经济重要性和会计重要性的标准能够确定这些国家的名单。当然，这两个标准在某种程度上相互依存，在一个经济无足轻重的国家中，强大的会计职业界是不可能成长起来的。在世界范围内进行会计协调化的尝试中，梅森识别了6个至关重要的国家：美国、英国、德国、法国、荷兰和日本。

第一节　美国会计制度——竞争市场经济会计模式

美国是目前世界上市场经济最发达的国家，在会计准则制订及会计理论研究方面均具有全球意义上的超前性。在考察发达资本主义国家会计制度如何适应自由竞争的市场经济需要时，美国会计制度建设的特点和经验是最具代表性的。

一、会计的宏观管理

美国会计的宏观管理不像其他西方国家那样以公司法的有关条款作为管理公司会计的法律规范，其重要特点是财务会计准则制定的分权制，即在代表政府的证券交易委员会（SEC）的支持下，由独立的民间会计职业组织财务会计准则委员会（FASB）制定指导企业会计实务的公认会计原则（GAAP）。在美国由民间机构制定会计准则的原因有：一方面，美国竞争性市场经济的本质（不强调政府的干预）决定了美国自我管理型的会计管理体制；另一方面，美国股份公司占主导性地位，证券市场十分发达，证券市场的稳定与否极大地影响了美国经济的发展。遵守 GAAP 所编制的财务报表被认为是合理地表述一个企业的财务状况、财务状况变化和经营成果的主要标志，如同把“真实和公允观念”作为英国会计模式的特点一样，GAAP 被视为美国会计模式的标志性特点。其会计宏观管理框架可以概括为：国会→SEC→FASB→GAAP。

作为美国最高立法机构，国会极少直接过问会计问题。它授权证券交易委员会（SEC）负责实施与证券发行和交易有关的法令以及会计准则的制定，以维护社会公众的利益。但自 SEC 成立以来，它一直把该种权利限制在监督作用上，对 GAAP 保留否决权，准许并鼓励民间职业团体 FASB 在会计准则的制定过程中保持主导地位。这种安排既可以充分利用民间雄厚的会计力量，减轻自己在制定会计准则方面所需的人力、物力，又可避免美国社会厌恶政府干预的心理需要。最后，它还可利用最终裁决权引导企业财务会计和报告实务的发展方向。

二、会计准则发展

从历史沿革来看，美国公认会计准则有着完整的发展轨迹，简单概括可分为以下几个阶段：

（一）准则制定酝酿期（1937 年以前）

美国上市公司的会计行为，在 1929 年经济大危机之前，主要通过上市公司自行制定内部会计制度，实现公司内部自我规范。1934 年，《证券交易法》授权成立 SEC 取代联邦贸易委员会制定统一会计规则。1937 年，SEC 五位专职委员经过激烈争论，以 3:2的票数否决了自行制定会计准则的建议，最终决定由会计职业团体制定公认会计原则，标志着美国公认会计原则时代的开始。

（二）会计程序委员会（CAP）时期（1937——1959 年）

第一个介入会计准则制定工作的民间机构是美国注册会计师协会（AICPA）的前身，1938 年成立的美国会计师协会所属的会计程序委员会（Committee on Accounting Procedure，CAP），它从 1939 年到 1959 年共发布了 51 份《会计研究公告》（Accounting

Research Bulletins)。第二次世界大战期间，CAP 主要处理与战争业务有关的会计问题，在 1942 年到 1946 年发布的 13 份研究公告中，有 7 份与战争有关，3 份是名词问题。战后，CAP 发布了 18 份研究公告。会计程序委员会的成立，标志着美国进入了有组织、有意识地制订会计准则的阶段。

（三）会计原则委员会（APB）时期（1959——1973 年）

1959 年，CAP 被会计原则委员会（Accounting Principles Board，APB）取代，标志着会计原则问题的研究进入了一个新的时期，即从解决个别的会计问题转到建立基本原理和重要原则的研究。在运作过程中，APB 受到的社会各界批评主要集中在：由于缺乏一套较完整的概念结构，APB 对许多会计问题仍然采用就事论事的解决办法，结果是 APB 成员对许多问题的讨论缺乏一个共同的基础，各个会计准则之间缺乏协调性。

（四）财务会计准则委员会（FASB）时期（1973——现在）

1973 年，美国成立了 FASB，作为负责制定美国财务会计和报告准则的民间性指定组织。它的成立标志着美国会计原则的研究已经进入高级阶段。自成立伊始就有非常明确的工作目标，即建立统一的会计理论框架，来指导证券市场会计实务问题。FASB 发布的文告包括：《财务会计准则公告》（Statements of Financial Accounting Standards，SFAS）、《财务会计概念公告》（Statements of Financial Accounting Concepts，SFAC）以及《财务会计准则解释》（FASB Interpretations）。其中，准则公告旨在制定新的准则或修订过去发布的准则；概念公告旨在制定为准则提供理论指导的概念框架，它本身不包括可供直接应用的准则；解释旨在澄清、解释或说明现行准则。这样 FASB 实际上不仅是一个准则制订机构，还是一个会计理论研究机构，其理论成果是由会计目标为起点的《财务会计概念公告》形式发布的，主要目的在于评估现有准则并指导未来会计准则的制订。FASB 发布的 7 个财务会计概念公告如表 3－1 所示。

表 3－1　　FASB 发布的财务会计概念公告

概念公告号	名称
第 1 号	企业财务报告的目标
第 2 号	会计信息的质量特征
第 3 号	财务报表的各种要素（后被第 6 号取代）
第 4 号	非营业机构编制财务报告的目的
第 5 号	企业财务报表项目的确认和计量
第 6 号	财务报表的要素
第 7 号	在会计计量中使用现金流量信息和现值

FASB 的主要贡献在于将所颁布的一系列代表美国公认会计原则的文件，组成一个公开透明、纲目兼备、层次清晰、易于操作的会计准则体系。包括：（1）财务会计概念公告；（2）财务会计准则公告；（3）解释公告；（4）技术公告；（5）紧急问题工作组公告。这种做法既维护了 GAAP 的整体性和权威性，又保证了各个时期会计准则在实施上的逻辑性和一致性。

三、会计的主要特征综述

美国的证券市场极为发达，保护证券（股票和债券）投资者的利益是美国会计理论与实务的出发点和总目标，而公认会计准则的制定，也以维护这些投资人的利益为前提。

（一）会计基本理论

会计基本理论的主要特征是：（1）理论上未将稳健主义确定为会计原则，这表明 FASB 对此持中立态度，稳健主义是一项惯例，而不是一项基本原则；（2）高质量。在 20 世纪 90 年代，当时 SEC 主席亚瑟·利维特（Arthur Levitt）提出为建立发达和健全的资本市场必须建立一套高质量的会计准则，每一项高质量的会计准则，必须做到：与基本的财务报告概念框架一致、只允许保留最低限度的备选会计程序、必须清晰和全面，使准则容易被编报者、审计师、监管机构和其他使用者所理解，这在美国和全世界会计界都产生了重大影响，极大地促进了美国会计准则质量的改善。近年来 FASB 谈起会计准则改革，言必称“高质量”。

（二）主要会计方法

美国的会计惯例反映了对历史成本计量基础以及实现原则等传统观念的遵循。（1）固定资产在清理前，其账面价值几乎从未在重估或价格变动的基础上有所增减，但出于稳健考虑，根据 SFAS 第 121 号《长期资产减值和长期资产清理会计》，可将价值降低到公允市价。（2）存货一般按照成本与市价孰低规则计价，其中成本可以选择先进先出法、后进先出法、加权平均法计算，但后进先出法运用的最为普遍。（3）对租赁业务的会计计量美国强调的是“实质重于形式”。当与租赁资产所有权相联系的风险和报酬已转移给承租人时，该项租赁应确认为资产的购置（融资租赁）。（4）由于会计处理规则和税法计算口径不一，存在永久性差异和时间性差异。

（三）报告体系

美国上市公司所要求的会计披露是世界上最严格的，一家美国大型公司典型的年度财务报告包括：（1）管理部门报告；（2）独立审计师报告；（3）主要财务报表（收益表、资产负债表、现金流量表和股东权益变动表）；（4）管理部门对企业财务状况和经营成果的讨论和分析；（5）财务报表的注释；（6）五年或十年选择财务数据的比较；

(7) 有选择的季度财务资料；(8) 分部财务报告。

四、后安然时代的美国会计制度框架

针对安然等公司会计造假案件所暴露出的会计、审计、公司治理等问题，美国国会于2002年7月25日通过了《2002年公众公司会计改革和投资者保护法案》（Public Company Accounting and Investor Protection Act of 2002）。该法案实际上是在法律层次上对现代会计、审计和公司治理的一次功能定位和现代会计、审计制度和公司治理结构的系统安排，其发布也将代表一个新的资本市场监管时代的到来。美国公司改革法案规定的后安然时代的美国会计制度框架要点为：(1) 更加强化了SEC的监管权；(2) 要求设立扩大了会计监督权的公司审计委员会；(3) 成立了独立的公众公司会计监管委员会；(4) 确立了FASB的法律地位。

第二节　英国会计制度

英国作为近代工业革命和现代会计的发源地，殖民统治和称霸世界长达三个世纪，是会计理论与实务最发达的国家之一。

一、会计宏观管理

根据1989年修订的《公司法》，1990年以后，英国会计宏观管理框架实际上变为三个层次：会计准则由财务报告委员会（Financial Reporting Council，FRC）监督并提供建议；由会计准则理事会（ASB）颁布；由以财务报告审议会（Financial Reporting Review Panel，FRRP）为核心的机构负责监管。

（一）财务报告委员会

FRC主席及三位副主席由英格兰银行总裁以及贸易与工业大臣联合任命，目标是在工作程序以及公众关心的问题上指导准则制定机构，保证准则制定工作筹集到足够的资金，并为取得良好会计实务提供强有力的公共影响。FRC的成立，结束了以前英国会计准则仅由会计职业界审批的格局，FRC本身带有一定的官方色彩。

（二）会计准则理事会（ASB）

虽然英国ASB追逐美国制定会计准则，但是英国会计准则与美国准则并不完全相同。与美国等国家的会计准则相比，英国会计准则有以下特点：

1. 真实和公允的要求至高无上

真实与公允（TFV）是财务报告的指导思想，也是对财务报表的最终测试。因此，

它对英国的会计实务具有强有力和直接的影响。财务报表只要能够提供真实和公允的观点，有时可以背离会计准则的要求，甚至可以背离英国公司法中的有关要求。值得注意的是“真实与公允”的原则并没有明确的内容界定，而要靠会计人员的理解和判断。这固然有利于应付错综复杂的实际情况，但也难免带来不确定因素，造成实务处理中一些认识和判断上的分歧。

2. 英国会计准则以基本原则为基础

英国和美国的会计准则存有一个明显的区别，即英国是“原则型”（Principle Based），而美国是“规则型”（Rule Based）。在内容和要求上，后者较前者要具体和刻板得多，如 FASB 关于金融衍生工具的会计准则长达 804 页。美国会计把如何进行会计处理才算真实这个问题主要交由准则制定者来判断，以具体准则为基础（Detailed Rules Basis）来制定会计准则，制定出的是大量的、浩繁的、包罗万象的详细会计准则；而英国会计准则强调高度自治，以基本原则为基础（Basic Principles Basis）来制定会计准则，它并不制定大量而浩繁的、包罗问题广泛的详细会计准则，只就当前迫切需要解决的实际问题进行研究。

3. 努力与国际会计准则的要求进行协调

英国会计还有一个值得指出的特点，那就是对 IASC 制定的国际会计准则十分重视。英国会计职业界是 IASC 的创始成员，尽管英国将自己视为 IAS 的制定者而非准则的接受者，但英国一直影响着国际会计准则，同时也受国际会计准则的影响。

（三）财务报告审议会

FRRP 成立于 1991 年，设于财务报告委员会（FRC）下，与会计准则理事会并列，但是独立于会计准则理事会。FRRP 的主要职责是检查各大公司对会计准则的执行情况，判断公司编制的财务报告是否符合真实与公允（TFV）、《公司法》以及会计准则的要求。当发现企业经审计的财务报表没有遵循公司法和适用的会计准则时（线索主要来自有关个人、团体或者媒体的评论），展开相关调查，并采取相应的补救措施。仅在 1993 年，英国就有 45 家大公司被 FRRP 调查，其中 5 家因弄虚作假被查实而受到相应的处理。

安然等公司丑闻突出了公司治理对财务报告的极端重要性。2004 年 4 月后的 FRC 主要包括：会计准则理事会（ASB）、审计实务委员会（APB）、调查与惩戒委员会（IDB）、财务报告审议会（FRRP）、会计职业监管委员会（POBA）、公司治理委员会（CCG）。ASB 下设应急问题工作组以处理会计实务中不断出现的新问题。APB 统一制定和颁布审计准则。IDB 负责重大违规个案的查处。CCG 是一个新增的专门委员会，负责审议和监控公司治理结构的实务与动态。

二、会计准则发展

英国会计准则的制定经历了以下几个阶段的演变：

（一）会计原则推荐书阶段（1942——1969 年）

英国是最早产生职业会计师的国家，其会计职业组织至今已有 100 多年的历史。早期英国会计职业组织都是地区性的，主要有：（1）英格兰和威尔士特许会计师协会（Institute of Chartered Accountants in England and Wales，ICAEW，1870 年创建），它是英国会计职业团体中规模最大的；（2）苏格兰特许会计师协会（Institute of Chartered Accountants of Scotland，ICAS，1854 年创建），它是英国产生最早的会计职业团体，1854 年爱丁堡的会计师公会就被授予了第一张皇家特许证；（3）英国注册会计师协会（Association of Chartered Certified Accountants，ACCA，1891 年创建），是 1939 年合并了 1891 年与 1904 年成立的两个会计团体后成立的，该协会逐步发展成了一个具有国际性影响的组织，在世界上 130 多个国家举行考试，所以其成员遍布世界各地；（4）特许管理会计师协会（The Chartered Institute of Management Accountants，CIMA），成立于 1919 年，主要为工商界第一线培训成本和管理会计师；（5）特许公共财务与会计协会（Chartered Institute of Public Finance and Accountancy，CIPFA），成立于 1885 年，成员主要在政府机构和国有企业的财务部门工作；（6）爱尔兰特许会计师协会（Institute of Chartered Accountants in Ireland，ICAI，1888 年创建），于 1888 年被授予特许权，爱尔兰分立后，它仍然是整个爱尔兰的统一会计团体。直到 1942 年，英国特许会计师协会（ICAEW）才开始颁布一些不具备约束力的会计原则推荐书（Recommendation on Accounting Principles）作为企业会计实务的指导性规范，它很类似于美国的会计研究公报，其性质是实用主义的，主要对现行实务进行概括，容纳了多样化的会计处理。最后一份推荐书颁布于 1969 年。

（二）会计准则委员会阶段（1969——1990 年）

1970 年英格兰和威尔士、苏格兰、爱尔兰三个特许会计师协会联合建立了会计准则指导委员会（Accounting Standards Steering Committee，ASSC）。1976 年，ASSC 又改为会计准则委员会（Accounting Standards Committee，ASC），它类似于美国的会计原则委员会（APB）。ASC 从 1971 年开始颁布标准会计实务公告（Statement of Standard Accounting Practice，SSAP）来替代会计原则推荐书，用以处理影响大多数英国公司的一些基本的和重大的问题，标志着英国进入了有组织地制订会计准则的时期。从 1976 年至 1990 年间，ASC 共发布了 25 项 SSAP，2 份会计实务推荐说明书，28 份讨论稿，65 份技术说明，到 95 年底仍在生效的 SSAP 有 17 个。ASC 的成立和运行标志着英国式会计准则结构体系的形成。

（三）会计准则理事会阶段（1990 年至今）

1990 年 8 月 1 日，英国成立了取代 ASC 的会计准则理事会（Accounting Standards Board, ASB）。与 ASC 相比，ASB 独立性明显提高，表现在：(1) 它隶属于 FRC，这显然比 ASC 只受六个职业团体指导更为独立。(2) ASB 具有独立发布准则的权力，这是 ASC 所不具备的。(3) ASB 每年具有数百万英镑的经费预算，也使得它的独立性得到保障。英国会计准则的制定机构经过多次变迁，由纯粹的会计职业界民间组织，发展成一个带有官方色彩的、半独立的机构。会计准则制定机构的代表性逐渐加强，会计准则的制定程序也日渐完善。

由 ASB 发布的会计准则更名为财务报告准则（Financial Reporting Standard, FRS）。ASB 成立不久就宣布它将采纳 ASC 所制定的准则，并承担 ASC 尚未完成的项目，同时更明确地表明它要寻找概念框架以支持准则，但它避开了“概念框架”这个词，而使用“原则公告”（Statements of Principles）。ASB 的原则公告由财务报表的目标、会计信息的质量特征、财务报表的要素、要素的确认、计量、报告以及报告主体等七个部分构成。财务报告准则和仍在生效的 SSAP 一起构成了英国目前的公认会计原则（GAAP）。由于 SSAP 和 FRS 得到公司法支持，因而也就得到了主管会计的政府机构——贸易工业部的支持，所以，这些会计准则具有很高的权威性，只有遵循了这些准则的要求，其财务报表才被认为是真实和公允的。

2005 年 12 月，ASB 制定了新的趋同战略，即修改所有和国际财务报告准则（IFRS）不一致的准则，并将被基于 IFRS 的准则所替代。修改后的所有新准则统一从 2009 年开始执行。为了保证这一计划的实施，每一个基于 IFRS 的新准则自 2006 年开始生效。准则的实施分三个层次，即上市公司完全执行 IFRS，小企业执行 IASB 发布的小企业会计准则或英国自己的小企业财务报告准则，而第三类企业可以在成本效益原则的基础上有条件地执行 IFRS，比如减少披露的要求等。英国的会计准则趋同经验在欧盟内部具有示范效应。

三、会计的主要特征综述

（一）会计基本理论

主要包括：(1) 财务报表的目标是向利用财务报表进行决策的报表使用者提供关于企业财务状况、经营业绩和偿债能力的有用信息；(2) 资产、负债、权益、收益、损失、业主投资、对业主分配构成了英国财务报表的七大要素。

（二）主要会计方法

主要包括：(1) 现时成本会计。除商誉以外的非流动资产都可以按现时成本重新估价，对重新估价产生的溢价或损失应先记入重估价准备账户，然后再分期转入损益账户。(2) 准备金。只有已实现的利润方可贷记损益账户，未实现的利润通常在重估价准备账户中反映，该账户用于记录根据所选择的会计原则对资产进行重新估价时产生的溢价。各类准备账户主要有：重估价准备、资本偿还准备、自有股份准备、按公司章程提取的准备、损益账户准备、其他准备等。

(三) 公司财务报告

《公司法》要求公司向股东提交以下一系列财务报告：(1) 董事会报告；(2) 损益表和资产负债表；(3) 现金流量表；(4) 全部确认的利得和损失表；(5) 会计政策公告；(6) 有关财务报表的注释；(7) 股东资金运动调节表；(8) 历史成本损益注释；(9) 审计师报告。至于合并财务报表则包括合并损益表、合并资产负债表、控股公司自身资产负债表（不要求控股公司损益表）、合并现金流量表以及董事会报告。此外，为了履行公司的社会经管责任，扩大对外提供的通用信息，英国还鼓励各公司编报增值表、就业报告、雇员报告、企业与政府间货币往来情况、外币交易情况、未来前景预测等报表。增值表在 20 世纪 70 年代在一些大公司里很盛行，英国的财务报告是世界上最为全面的财务报告之一。

第三节 法国会计制度——有计划的资本主义市场经济会计模式

法国是一个实行市场经济和计划经济相结合的典型国家，在考察发达的资本主义国家会计制度如何适应国家宏观经济计划和管理的需要时，法国会计的宏观管理方法及其经验是最具代表性的。

一、会计的宏观管理

(一) 会计的管理体系和框架

按照法律效力不同，法国会计的管理体系框架可以分为四个层次：

1. 法国作为欧盟成员国，有义务实施欧盟的各项法规，在会计方面主要是欧洲公司法协调的一系列指令，尤其是主要针对会计的第四号、第七号和第八号指令。

2. 在本国法律这一层次，有税法、商法和公司法对会计的相关详尽规定。税法高度独立，税务当局不仅确定了用于纳税申报的财务报表的内容和格式，而且规定了许多关于财务会计和报告的实务。税法规定，凡是反映在财务报表上的费用项目才可作为应税收入的扣减项目；报送税收当局的财务报表也必须同递交给股东的财务报表一致，这与英美国家税务与财务分家的做法有显著差异。因此，从这一角度看，法国会计也被人称为税务导向会计。

3. 处于第三层次的是财政经济部颁布的大量有关会计规范的规定，其中最著名的即是统一会计方案。它对会计的约束最具体、最详细。

4. 此外，法国的会计管理机构，如全国会计委员会发布的各项意见书，注册会计师协会和注册审计师协会所发布的各项职业规则，也是对上述各个层次内容的补充。但它们不具备法律强制力，其有效性是通过职业界的自愿遵守来实现的。

与英美国家普遍采用的“公认会计原则”和“财务报告概念框架”不同，法国会计管理体系最显著的特点是以法律条文的形式来规范会计。

（二）会计的管理机构

1. 全国会计委员会（Conseil de la Comptabilite，CNC）

该委员会成立于1947年，隶属于财政部，是专门负责会计法律法规咨询以及会计制度办法起草工作的专门性会计咨询机构。1996年改组后的任务包括四项：第一，对各项会计工作提出意见；第二，向企业会计工作和国家统计工作建议有关的账户处理办法；第三，确保会计研究的协调组织工作，发行有关会计教学的各种材料；第四，对国际以及别国会计标准化发布的会计准则提出意见。

2. 会计标准化委员会（Comite de la Reglementation Comptable，CRC）

CNC的性质只是会计咨询机构，其立场（建议、意见、调查等）并不具有强制力，而只能通过部长令或更高级的形式才会产生约束力。为了弥补这一不足，法国政府于1996年8月提出了成立会计标准化委员会的方案，在1998年1月国会通过生效。CRC的成立不会重复全国会计委员会的工作，而是以全国会计委员会的意见为基础，把全国会计委员会提出的意见和建议转变为具有法律效力的条例或法令，使会计宏观管理和会计立法趋向一致。

二、统一会计方案

统一会计方案是法国会计规范化管理的基石。虽然它只是由经济财政部以政令的形式颁布，却构成了会计规范和准则的主要文件，所有的工商企业都必须执行。因此，统一会计方案被视为“会计法”。

（一）统一会计方案制定的背景

第二次世界大战后，法国政府为迅速发展国有经济并在市场经济的基础上推行“计划化”，加强了对微观会计系统进行的干预。为了促进国民经济计划的编制，微观会计必须与会计相衔接。在法国，这项工作主要是通过“统一会计方案”（Plan Comptable General，PCG）来进行的。1947年9月，国家经济计划委员会批准了在全国范围内执行的统一会计方案。

（二）统一会计方案的特点

统一会计方案基本上包括标准的会计科目表，会计科目表内各账户使用的规定和指南，标准财务报表格式和报表附注。其特点是：（1）具有完整、系统的体系，由四个部分内容组成：基本会计原则与规定、统一会计账户分类表、财务会计与成本会计。（2）会计制度层次分明。包括适用于小型企业的简化式方案、适用于大中型企业的基本方案、适用于上市公司的更全面、复杂的参考性方案。（3）考虑了行业差异，制订了一些具体的专业会计方案。（4）应用面广，影响大。

（三）统一会计方案在宏观管理中的作用

统一会计方案更具有会计指南的特征，原因如下：（1）法国并未发布与 IASC、英国或美国的准则相当的会计准则；（2）由于无法针对所有的情况通过法令、法规制定明晰的规章，法国试图通过制定核心的强制性的会计科目表以及广泛的解释性指南来解决这一问题。

（四）会计国际化

作为欧盟的重要成员国之一，法国在会计方面要贯彻欧盟的第 4 号、第 7 号和第 8 号指令，作为会计国际趋同的开端。其后于 1996 年和 1999 年分别对统一会计方案进行了修订，其中最主要的是解决了合并财务报表与单个公司财务报表的矛盾。法国推行的是有法国特色的会计国际趋同，对将本国会计标准向国际会计准则单方面靠拢并不热衷，转而采用企业会计与合并会计相分离的方法，为不同类型和不同规模的企业分别制定了适应上市公司、中小型企业和跨国公司的会计规则。在企业会计方面，要求企业严格执行《商法》、《公司法》中的有关规定，符合税务和会计高度一致的原则。跨国公司可按照合并会计的规定，按照国际会计准则编制会计报告，以更好地满足国内外投资者的信息需求。法国的会计模式演变正是沿着上述思路，即通过公司会计与合并会计脱钩来保持本国的会计模式和满足大公司跨国经营融资的需求。

三、会计的主要特征综述

（一）会计的基本原则

法国传统的会计原则是真实性、稳健性和合法性，欧共体第四号指令发布后，法国也要求树立“真实与公允”观念。“真实与公允”起源于英国 1948 年的公司法，并由于英国的作用而写入第四号指令，成为目前对欧共体各国普遍的要求。

（二）主要会计方法

包括：（1）税收。强调会计信息处理过程要与税法保持一致，而对于投资人的会计信息并不特别关注，例如披露有关每股收益、现金流量表等信息的法国公司比英美要少。（2）准备。由于法国的法律规定了企业负责人承担很大的责任，尤其是对企业破产的后果负责。公司的董事们不得不建立各种秘密准备，奉行极端稳健的政策。在权益中，法国会计最引人瞩目的是各种准备，包括重估价准备、法定准备、约定准备、资本利得准备等。

（三）主要会计报表

法国公司提供的财务报表包括：资产负债表、损益表、报表注释、董事会报告和审计师报告。财务报表的一个特点是在注释中予以详细披露，披露项目包括：会计政策说明、外币项目的会计处理方法、准备金的细目、重估价细目、应收款和到期应付款的分类、养老金和其他退休福利的承诺金额、子公司和持股的清单、税收对财务报表的影响、分类列示的职工的平均人数、按活动和地区进行的营业额的分析。

在工业化国家中，对社会责任会计最为重视的是法国。早在 1975 年，法国在《关于公司法改革的报告》中就建议各家公司每年公布“社会资产负债表”，即“社会报告”。1977 年又先后颁布有关法令和政令要求企业实施社会会计，为社会会计的实施建立了法律保障。这些法令，反映了法国工人阶级力量的强大，以及法国社会的社会福利主义倾向。

第四节　德国会计制度——社会市场经济会计模式

德国是以实行社会市场经济制度而闻名于世的，在考察发达资本主义国家政府干预企业及对会计制度的影响时，德国的会计理论和实务是较具代表性的。

一、会计的宏观管理

德国会计宏观管理的一个显著性特征是其会计实务由政府管制，坚决遵循法规和法院判决，而不是由民间自律，没有英语国家所理解的那种财务会计准则制订。在会计工作规范上，德国没有单行的会计准则，其会计规范是由政府通过分散于公司法、税法、商法中的规定来体现的，即“会计规范法典化”，其他的任何东西都不具有类似的约束力和权威性。会计立法来自四个主要方面：商法、公司法、税法和综合会计法。

1985 年 12 月 19 日通过的《综合会计法》是德国会计的一个重要里程碑，因为：（1）它把德国现有的会计、财务报告、披露和审计要求都整合到一部单一的法律之中；（2）这项法律被规定为德国“第二部”《商法》，因而适用于所有的公司——从有限责任合伙制到私人和公众持股公司；（3）这项立法主要以欧洲的概念和实务为基础，欧盟的第 4、7、8 号指令都进入了德国法律。

二、会计准则发展

(一) 德国会计准则委员会成立的背景

随着德国经济的发展，加上欧盟协调化的结果，德国各方会计环境如证券市场、银行、企业、外交政策等都在变化，德国会计一些不符合社会要求的特征受到挑战：(1) 随着德国公司规模不断扩大，独资与无限公司的比重逐渐下降，而出现能够筹集大量资金的股份公司。德国会计最低限度披露信息、“过分稳健”的历史传统受到极大的挑战，原先维护债权人利益的会计目标必须向投资人转移。(2) 过去德国会计界往往认为自己的准则是世界上最好的准则，不愿接受国际会计准则。但作为欧盟的主要成员国，它的会计组织又是国际会计委员会（IASC）的创立委员，德国会计同样有义务接受欧盟会计的要求，并应尽最大努力遵守国际会计准则。

在上述发展的压力下，德国议会在法律中添加条款以促进筹资活动，即于1998年发布的《融资法》，该法允许上市公司在编制合并财务报表时为遵循国际会计准则而偏离商法的普通条款。此举导致德国企业从1998年起越来越多地遵循国际会计准则或美国公认会计原则编制年度报告，而不再编制两套合并财务报表，代表了德国会计的重大成就。

(二) 德国会计准则委员会

为确保国际会计准则及美国会计准则在德国上市公司的实施，德国政府还成立了德国会计准则委员会，其主要任务是研究上市公司在执行IAS或美国会计准则时是否能符合德国法规，并制定有关准则与指南。

1. 委员会的性质

1998年，德国政府鉴于外界对企业管理者、监事会成员和审计人员的强烈批评，以及国际协调化压力的日趋增长，通过了《经营范围监督法》（KonTrag)，这部法律是民间会计准则委员会成立的前提条件。1998年5月，德国会计准则委员会（DRSC）终于宣告成立。该委员会是一个类似于美国财务会计准则委员会，由社会各方面参与的独立的会计准则制定机构。它与德国审计师协会、审计师研究所都是国际会计准则委员会的成员。德国会计准则委员会是一个民间组织，商法第342条确认了它的性质与任务。它与德国司法部签有协议，德国会计准则委员会将会无偿为司法部提供专业信息。

2. 委员会的职责

德国会计准则委员会旨在：(1) 制定适用于合并会计报表的会计准则；(2) 与国际会计准则委员会以及其他会计准则制定机构进行合作，代表德国参与国际会计准则制定机构以及其他机构的工作，影响与协调国际会计准则；(3) 对德国司法部制定的会计法给予专业上的咨询服务，推动会计准则领域的研究。

近年来，德国吸收了欧盟的第4号、第7号和第8号指令，丰富了其商法的内容。

德国作为欧盟的主要成员国，它的会计组织是国际会计准则委员会的创立委员。2000年7月，DRSC规定，上市集团公司可以按照国际财务报告准则（IFRS）合并编制财务报表。在此以前，在美国上市的德国公司必须分别按照德国的会计准则和美国的会计准则编制两种不同的年度财务报表。新规定大大缩减了上市公司的年报编制费用。2001年6月，欧盟规定成员国所有上市集团公司自2005年1月1日起，必须按照IFRS编制合并财务报表。此后，德国各大企业开始遵循IFRS。

三、会计的主要特征综述

（一）会计的基本原则

会计的基本原则主要有计价原则和确认原则。商法规定了六条计价原则：一致性原则、持续经营原则、单独计价原则、审慎原则、会计分期原则和一贯性原则。确认原则包括了完整性规定和禁止抵销规定。禁止抵销规定指资产负债表或损益表上的资产、负债项目或收入、费用项目不得相互抵销，应单独列示。

（二）主要会计方法

包括：（1）德国公司信守历史成本会计模式，这种做法从另一个侧面反映了稳健主义在德国所占的支配地位。（2）德国特殊的企业与银行环境造就了德国会计“过分稳健”的特征。例如，公司会计允许计提各种类型的准备金，包括：（1）资本准备金；（2）利润准备金；（3）费用准备金，含按照税法规定的特殊准备金。这些准备金的用途可以分别用以抵补公司出现的损失、准备递延维修费用、产品担保、未决交易的潜在损失以及其他不确定的债务，增加资本或分配给股东。

（三）财务报告

1985年的《会计法》规定了财务报表的内容和格式，它们包括：（1）资产负债表；（2）损益表；（3）附注；（4）管理报告；（5）审计报告。小型公司豁免了审计的要求，并且可以编制简化的资产负债表。中小型公司可以编制简化的损益表。大型公司尽管仍然编制以纳税为基础的财务报表，但报表附注披露的内容相当广泛，可视为一种达到真实和公允的方法。

第五节　荷兰会计制度——17世纪标准资本主义国家

荷兰，这个被马克思称为“17世纪标准资本主义的国家”，在会计模式划分上是以“企业主导型”而闻名于世、独树一帜的。在考察资本主义国家会计制度是如何体现微观经济的思想和要求，把服务于企业及其经营活动作为其本身发挥作用的核心和导向时，荷兰的会计制度是最具代表性的。

一、会计的宏观管理

对企业会计最具有影响的法律是民法、税法；证券市场对会计只有间接影响；公司财务报告通常要受到许多利害关系集团的监督。

（一）民法

20世纪初，荷兰的企业管理与会计在国际上就有一定声誉，但一直到1970年，企业编制财务报告均没有法律规定。1970年9月，荷兰公布了有关“企业年度报表”的公司法，公司财务报告才开始有了立法依据。由于荷兰没有独立的商法，该公司法于1975年收进了荷兰的民法之中。为了适应欧盟（前欧共体EEC）的协调要求，民法于1983年和1988年对有关条款进行了修订。

（二）税法

由于注重了会计信息的快速有效性，税法对荷兰会计制度与实务不产生直接的影响，这和德国、法国等欧洲国家明显不同。荷兰的税务会计与财务会计是明确分开的，会计的数字要经过摊配和调整才能与报税所用数字相衔接。这就促使企业较早地运用递延所得税会计，并使得企业在选择具体会计方法时能够更多地从会计理论与原则出发，独立地进行考虑。

（三）证券市场

荷兰没有证券交易委员会，所以证券市场对会计的要求并不明显。虽然有200家以上公司的股份上市交易，但在成交量中占绝大多数的则是5家大型跨国公司（荷兰化学制药公司、佛哥文期公司、菲利浦公司、英荷壳牌石油公司和尤尼莱佛公司），这5家公司约占市场资本和营业额的50%。

（四）利害关系集团

民法规定如果企业的利害关系集团，包括股东、雇员、劳资协议会（Works Councils）及工会（Trade Unions）认为报表编制没有遵循法律的有关规定，可以向阿姆斯特丹法院的企业合议庭（Ondernemingskamer，或译为“会计法庭”）起诉。由于合议庭的存在及其裁决结果，荷兰公司法建立了一系列的判例作为补充。

综上所述，荷兰会计的宏观管理机制可以概括为：由民法确立会计目标和基本原则；由雇主/雇员/职业界三个代表组成的民间团体制定具体会计准则；通过司法机构（企业合议庭）解决会计争议，保障民法对会计行为的要求切实得到贯彻。形成了立法—法规—司法三位一体相互联动，相互配合制约的会计管理框架，其中将司法机制引入会计管理是荷兰会计的一大特色。

二、会计准则的发展

（一）荷兰三方会计准则委员会

由于过去荷兰会计长期没有法律规范，因此，二战后社会经济环境的变化对建立会计制度以满足国内经济发展的要求比以往更加迫切。为使财务报告能有详细的标准，1971 年在荷兰政府的要求下，由荷兰雇主协会、中央贸易工会委员会和荷兰注册会计师协会（Netherlands Institute VanRegister-Accountants，NIVRA）三方联合组成荷兰三方会计准则委员会，清理有关企业的财务报告，特别是资产估价的会计方法，发布了“为社会经济条件所接受”的会计指南。这些指南在许多方面类似于英格兰和威尔士特许会计师协会在 1942 年至 1969 年所发布的建议书，是具有相当影响力的民间团体的权威性意见。

（二）年度报告理事会

为了增强其代表性与权威性，同时解决委员会的财政问题，1984 年荷兰改组了三方会计准则委员会，成立了“年度报告委员会”，它隶属于政府的社会与经济委员会，所以是政府与民间的联合组织，但其权威性不能和 FASB、ASB 相提并论。委员会发布的指南只不过是一个有影响力的民间团体发布的权威性意见，企业界甚至可以公然对抗年度报告委员会的指南，迫使委员会作出妥协，因此对公司并无约束力。

1981 年 10 月，三方会计委员会发布了荷兰《会计指导原则草案》，即“可接受的通用会计原则”。该准则总结了所有以前这几个组织所公布过的意见和建议，拟定草案，并按一定程序进行讨论，最后经委员会通过后公布。它是作为一般的法律补充，并已成为荷兰财务会计与报告的基本准则。年度报告委员会自 1971 年起发布指导意见。这些指导意见同美国、英国以及 IASC 制定的准则大体相互协调，指导意见中除作为推荐书发布的以外，其余均要求执业会计师在其审计工作中加以执行。1978 年，根据欧盟第 4 号指令的精神，将已发布的指导意见做了整理，形成汇编。后通过修订法律，被广泛地收进民法之中。

（三）国际会计准则的影响

荷兰会计深受国际会计准则的影响。1973 年荷兰的会计团体与英美等八国的会计团体共同组建了国际会计准则委员会（IASC）。特别是近年来，荷兰致力于对国际会计准则等高质量的会计准则进行选择，将可适用于本国的国际会计准则定期汇编，直接供荷兰企业采用。这也充分显示出荷兰会计高度的职业标准。随着欧盟统一公司法运动对成员国国内立法的制约，逐渐成形的国际会计准则体系，为荷兰这种开放程度很高的小国的会计实务提供了便利，荷兰会计职业界所发挥的作用正日渐减弱。IASC 与欧盟极大地影响着荷兰会计。荷兰认为，只要有选择地采纳国际会计准则委员会发布的准则，就足够保持会计的先进性，这也许有助于解释为什么荷兰在建立自己的规范性准则方面进展缓慢。

三、会计的主要特征综述

（一）会计的基本原则

由民法明确规定的会计原则是：持续经营原则、一致性原则、权责发生制原则、稳健性原则、收入实现原则以及个别项目的计价原则。

（二）主要会计方法

包括：（1）强调以现行价值（Current Value）作为资产计价的依据；（2）对许多项目可直接调整股东权益的准备金账户，如不可预期的灾害损失、没收或国有化引起的损失、金融重组影响损失、偶发或特殊性质的项目，以及商誉的注销、会计原则的变更等。

（三）主要会计报表

与欧盟其他成员国一样，荷兰也为公司制订了法定报表格式。为了遵循本国在会计报表方面的传统灵活做法，荷兰当局为公司编制报表保留了一定的机动余地，规定公司可从欧盟第4号指令准许的报表格式中自由挑选（两种资产负债表格式和四种损益表格式）。一套典型的荷兰会计报表体系包括资产负债表、损益表以及报表注释。母公司不仅要编制其自身的会计报表，还要编制其与子公司的合并报表。报表注释是民法特别要求的，荷兰公司在其报表注释中提供了许多信息，如资本及准备的变动，按业务类别和地理区域对净营业额的分解及重要的财务承诺等。

另外，荷兰也有许多公司自愿提供社会报告（如增值表），其服务对象主要是雇员，它包括的信息主要有公司雇员情况、人事政策、雇员人数及结构、娱乐设施、医疗服务、安全事故等。社会报告不仅受到雇主协会的支持，也被雇员看作能与公司进行有效沟通的一种手段。

第六节　日本会计制度——政府主导型市场经济会计模式

日本是一个经济高度发达的资本主义国家，在推动日本经济发展的众多因素中，其会计制度所发挥的作用和取得的经验是值得我们认真研究和借鉴的。

一、会计的宏观管理

日本对企业会计进行规范的法律有三个：《商法》、《证券交易法》和《税法》，即日本的“三角法律体系”。以这些法律为依据的会计，分别称为商法会计、证券交易法会计和税务会计。这三个会计缺乏全面统一的协调（在财务报告问题上有时会出现互相矛盾的情况），但又相互影响、相互制约，共同构成一个有机的整体。它们从不同方面和角度对企业的经营行为进行着法的约束，其关键的影响在于政府，因此日本政府对会计的各个方面都具有重要影响。在“三角法律体系”中，商法是根本大法，居于核心地位，证券交易法和税法在某种程度上可以说是对商法的展开和补充。

商法是由日本法务省执行的，是日本会计法规的核心，最具影响力，适用于各种企业组织形式，包括股份有限公司（株式会社）。其立法的核心是侧重于保护债权人的利益，因而涉及的会计规则更注重资产计价，而不是收益计量。一般说来，日本会计的目标有三个：（1）确定企业管理者受托责任的履行程度；（2）计算公司分配的收益（用于分配的股利和公司所得税金额）；（3）为股东和投资者做出投资决策提供信息。相对来说，日本商法重点强调的是目标（1）和（2）；证券交易法强调的是目标（1）和（3）；税法强调的是目标（2）。

二、企业会计准则的发展

（一）企业会计审议会（BADC）时期

虽然日本法律对企业会计活动的规范已相当详尽，但总体上看，法律条款只是对那些比较重大的会计实务处理原则和会计报表在合法性、真实性等方面提出质量要求，针对会计实务的规范还是比较粗放的。因此日本会计界认为，制度会计不能形成完整的法律体系，还需要对这些会计规范的内容进行解释和补充，其代表不外乎是《企业会计原则公报》（SBAP）。企业会计原则又被称为日本的公认会计原则，于1949年由企业会计审议会（Business Accounting Deliberation Council，BADC）制订，BADC是大藏省的一个咨询机构，日本制订会计准则的机构是政府部门而非民间组织。

由于法律环境上是大陆法系，这决定了《企业会计原则》作为一种独立的法律予以颁布。日本企业会计原则采取整套集中发布的方式，这种做法同英、美等国系统编号、陆续发布的方式有所不同。从效力上看，商法、证券交易法和税法中的有关规定事实上从法律上承认了企业会计原则的权威性和强制性。因此制度会计和协会会计——企业会计原则构成了“双轨制”的日本会计宏观管理模式。

（二）日本会计准则委员会（ASB）时期

经济全球化和资本市场国际化给日本带来很大的挑战，迫使日本不断完善其制度安排，其中的一个重大举措就是进一步推动市场化进程，由此催生了会计准则制定的民间化。2001 年 7 月日本设立了财务会计准则基金会（Financial Accounting Standards Foundation，FASF）及其所属的会计准则委员会（Accounting Standards Board，ASB），标志着日本彻底放弃了传统的由政府制定会计准则的机制，完成了向国际惯例的转变。财务会计准则基金会和会计准则委员会为民间机构，金融厅对其制定的会计准则具有最后决定权。

（三）会计的国际化

2005 年 1 月 21 日，日本 ASB 与国际会计准则理事会（IASB）达成协议，就会计准则国际趋同问题展开了实质性合作。2006 年 1 月，日本 ASB 发布了“日本会计准则与 IFRS 趋同的进展声明”，2007 年 8 月，日本 ASB 与 IASB 公布了“东京协议”，双方将在 2008 年消除双方会计准则的主要差异，余下部分将在 2011 年 6 月 30 日之前消除。2009 年 6 月，日本公布了会计准则国际趋同路线图，其主要内容包括：（1）自愿采用阶段，计划自 2010 年 3 月 31 日的会计年度开始，允许部分上市公司自愿采用国际财务报告准则，用于其合并财务报表的编制。（2）大约在 2012 年决定是否强制采用国际财务报告准则，并设定 3 年的过渡期，如果 2012 年决定强制采用国际财务报告准则，那么自 2015 年起开始生效并正式施行。

三、日本会计的主要特征综述

（一）会计的基本原则

企业会计原则规定了以下七项基本原则：（1）真实性原则；（2）重要性原则；（3）明确区分资本交易和损益性交易的原则；（4）明了性原则；（5）一致性原则；（6）稳健性原则；（7）单一性原则。

（二）主要会计方法

包括：（1）对某些特定的固定资产（如为防止公害、节约能源、工业用高技术设备），政府通过专门的税法实施特别折旧制度。其基本特征是允许在使用的最初年份提取特别高额的折旧（甚至在使用的第一年折旧 50%）。（2）由于日本的社会经济目标是长期增长和实行就业保险，公司为了吸引投资者，加强公众对公司的信任，通常采用平均年度收益的会计处理方法，给人们以收益稳定增长的形象。因此，日本公司财务报表的普通股每股收益额和财务状况往往并不反映当年的实际情况。

（三）财务报告

按照商法的要求公司应编制下列法定报告：资产负债表、损益表、经营报告、留存收益分拨建议、附表。在报表附注之外，还要求编制大量的附表，包括：注册资本和法定公积金的变动；债券和其他负债的变动；固定资产和累计折旧的变动；抵押资产；债务担保；准备金的变动；控股股东持股数量；子公司结欠的应收项目；关联方交易；支付给董事和审计人员的报酬等。

思考练习题

1. 在美国，一些小型公司免予遵守特定的具体会计准则，这种豁免可能导致大、小公司两套不同的公认会计原则。这种规定合乎需要吗？为什么？

2. 美国由于制订公认会计原则的需要，20 世纪三四十年代出版了一大批会计理论著作，这些著作都分别以一定的篇幅，讨论了会计原则或会计准则问题。请用实证会计关于会计理论的供给与需求的观点解释这一现象。

3. “对美国会计影响最大的一直是证券交易委员会”，请讨论这种说法。

4. 由于欧盟第 4 号指令的实施，英国会计发生了怎样的变化？

5. 英国如何调控对会计准则的遵守？

6. 有人说，由于近几年英国会计管理规则的详细程度有了很大提高，所以真实与公允的观点不再有用，请讨论这种说法。

7. 中法两国会计制度具有许多相似之处，如国家在会计的规范化管理中起着重要的作用，会计制度来源于多重法律，试详细比较两者的异同。

8. 由于欧盟第 4 号指令的实施，法国会计变化的程度如何？

9. 用几个不同的会计主体解释德国会计规则在哪些方面比英国的会计规则更稳健。

10. 有人说，尽管国际协调化和欧盟协调化正在持续进行，荷兰会计仍自成一体。请对此予以评论。

11. 在诺比斯的会计模式分类中，荷兰会计被列为以微观为基础、注重理论的典型代表。对此提出你的依据。

12. 为什么说日本的会计发展是缓慢的？这是由于哪些因素形成的？

第二篇

国际财务会计

第四章

外币交易会计

本章学习目标

1. 了解外币交易会计的基本概念；
2. 掌握外币交易会计的基本方法；
3. 熟悉期汇合同交易的会计处理；
4. 了解外币交易会计与衍生金融工具会计准则。

随着现代经济活动的国际化，国际经营业务和投资活动日益增多，大多数企业在其经营活动中都会发生外币交易。会计工作中如何反映外币交易就成为国际会计必须要解决的一个问题。

第一节　外币交易会计的基本概念

我国以记账本位币来界定外币，即企业收支所用的主要货币为记账本位币，记账本位币以外的货币为外币，人民币不一定为记账本位币。我国跨国公司设在国外的子公司或分支机构，可选定当地货币为记账本位币。

一、功能货币与外币交易

（一）功能货币

国际上，在界定外币交易前，必须首先阐明“功能货币”（Functional Currency）这一概念。根据美国财务会计第 52 号准则《外币折算》，功能货币是指：“经济主体从事经营活动和产生现金流量的主要经济环境中的货币”。国外主体按其经营所处的环境不同，分为母公司的有机组成部分和自主经营的国外主体两类。前者所指的国外子公司视为母公司在境外经营的延伸，其功能性货币通常为美元，后者是指在生产经营和财务决策上有较大的自主权，并与国外经济环境融为一体的经济实体，其功能性货币一般非母公司的报告货币（美元）。对在本国境内从事经营活动的本国公司，其功能货币显然是本国货币；但对在一国境内从事对外经营活动的本国或外国公司来说，其功能货币就可能不是所在国的货币，而是其主要经营环境中的货币。因此，功能货币并非取决于其所处的地理位置。

（二）外币交易

我国将外币业务定义为“以记账本位币以外的货币进行款项收付、往来结算等的业务”。国际上一般认为，功能货币确定后，企业在经营活动中使用的其他货币都是外币。外币交易（Foreign Currency Transaction）也就是以非功能货币计量的交易。

二、汇兑损益

外币业务本身是以外国货币来计量的，由于会计计量需要一个单一的计量尺度，因此在计量和记录外币业务时，除了按交易中实际使用的外币计量和反映外，还要将其重新表述为本国货币等值，即对外币业务要进行双重的计量和反映，这就是所谓的复币记账。

由于汇率是变动的，同时在实际的外币交易中，外币借贷和清偿日期往往不一致，或因购销业务发生的应收应付外币账款与结算日期不一致，这样，以同样的外币金额折合本国货币的金额就会不同，由此产生的差额称为外汇兑换损益。另外对涉及外币交易的业务，会计上还要作双重记录，即：对外币存款的收支及外币债权、债务的发生和结算，不仅要按原来使用的外币反映，而且还要按折合的功能货币作双重的计量。由于折算汇率的变动，同等的外币金额在折合为功能货币时，会发生一定的差额，这种差额称为外币折算损益。外汇兑换损益与外币折算损益由于都是不同日期的实际汇率之间的差别而形成的，会计上都把它们作为汇兑损益（Exchange Gain or Loss）来处理。

三、已实现的外汇兑换损益和未实现的外汇兑换损益

汇兑损益按照外币业务的发生和结算是否在同一会计期间，可分为已实现的汇兑损益和未实现的汇兑损益。前者是指外币业务的发生和结算在同一会计期间内，在外币业务结算日进行会计计量时，由于结算日汇率不同于发生日汇率而产生的实际利得或损失；后者是指外币业务的发生和结算不在同一会计期间内，在外币业务结算日之前的会计期末编制财务报表时，由于期末编报日汇率不同于发生日汇率而产生的账面利得或损失。

应该注意的是，尽管我们把外汇兑换损益与外币折算损益置于同一“汇兑损益”会计科目之下，但在进行汇兑损益的会计处理时，却是必须仔细加以区分的。对于外币兑换交易中已实现的外汇兑换损益，实际的损益已经发生，一般的会计处理都同意把这种损益计入损益表中。但是，对外币折算损益中未实现的外汇兑换损益，可视为“未实现”，对其的会计处理还需作专门的讨论。汇兑损益类型见图 4－1。

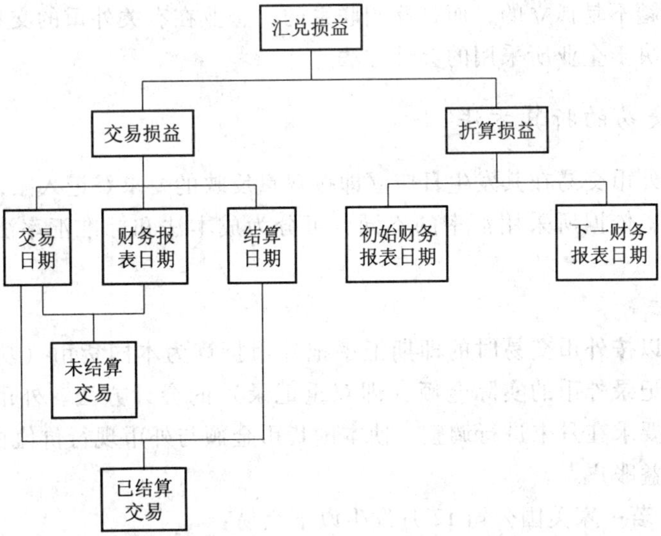

图 4－1 汇兑损益类型

总之，会计人员主要在两大领域中面临折算问题：（1）交易折算，指的是在独立公司会计账簿中，对以外币计价的交易的记录，以及根据会计账簿编制公司的财务报表。（2）财务报表折算，指的是对集团公司合并财务报表的编制，其中控股母公司与其下属子公司的财务报表以不同的币种计价。在交易折算中，只存在一套账簿体系和一套财务报表体系，它以公司的报告货币计价，也称本币。会计人员在会计账簿中记录以某一外币计价的交易时，必须进行相关的折算，并随后定期检查资产和负债的折算价值，以确保其符合基本的计价原则。本章重点讨论交易折算。财务报表折算问题源于母公司拥有对某一实体（分公司或子公司）的股份，且该实体日常会计账簿的记录，以及财务报表的编制都是以外币作为计量单位。最常见的情形是某一实体位于外国并在该国开展基本业务，折算问题出现在期末，这时需要对以外币计价的财务报表进行折算，使其能够纳入以本币计价的合并报表中。对财务报表折算的讨论在下一章展开。

第二节 外币交易会计的基本方法

外币交易业务有四个会计问题：（1）业务交易的最初记录；（2）编制资产负债表日应记载的外币金额；（3）汇兑损益的处理；（4）实现交易时对外币应收、应付款的记录。这四个问题不是孤立的，而是互相联系的。企业在有关外币的交易中对这四个问题如何反映，取决于企业所采用的会计方法。

一、外币交易的折算方法

一个企业的外币交易在其发生日应立即按双重反映的要求登记入账，而在把外币折合为功能货币时，依据所采用汇率的不同，可分为成本法和标准汇率法两种会计处理方法。

（一）成本法

成本法就是以按外币交易时的即期汇率把外币折算为本国货币（功能货币）的金额入账，同时也记录外币的实际金额（即双重记录）的会计方法。外币栏采用永续盘存制。这种方法要求在月末进行调整，使本国货币金额与外币现行价值相一致，调整额一般记入汇兑损益账户。

【例 4－1】 若一家美国公司 12 月发生以下交易：

12 月 1 日，美国公司按 JD1 = $5.0 的即期汇率电汇购进约旦币 JD3 500，计 $17 500。

12 月 10 日，美国公司从约旦进口商品 JD400，市场汇率 JDl = $4.99，发生一张即期汇票。

12 月 23 日，约旦客户开的 JD500 的一张 30 天远期汇票到期，并在 12 月 23 日收到现金。当日的市场汇率 JDl = $4.95。

美国公司按成本法所作的会计分录如下：

（1）12 月 1 日：

借：外币（JD）（JD3 500 × $5） $17 500

　　贷：现金 $17 500

（2）12 月 l0 日：

借：购货（JD400 × $4.99） $1 996

　　贷：外币（JD） $1 996

（3）12 月 23 日：

借：外币（JD）（JD500 × $4.95）　　$2 475

　　贷：应收票据　　$2 475

假定 12 月 31 日约旦第纳尔与美元的市场汇率为 JDl = $4.99，则调整分录为：

12 月 31 日

借：汇兑损益　　$15

　　贷：现金（JD）　　$15

至于调整分录中的汇兑损益 $15 的计算，可设立外币（JD）总分类账，并把有关分录过入，其内容见表 4－1。

表 4－1　成本法日记账

外币（约旦第纳尔）						
		JD			US $	
日期	摘要	借方	贷方	美元汇率	借方	贷方
12/1	买入 JD	3 500		$5.00	17 500	
12/10	购入商品		400	$4.99		1 996
12/23	收到应收票据	500		$4.95	2 475	
12/31	合计	4 000	400		19 975	1 996
	借方余额	3 600			17 979	
12/31	余额调整为					15
	现行价值（按市场汇率）余额 3 600 ×4.99 = 17 964					

（二）标准汇率法

标准汇率法就是外币在入账时首先都以标准汇率记载，把按标准汇率计算的数额和实际成本或收入之间的差额立即记入汇兑损益账户。若标准汇率发生变动，则一般在月末进行调整。

【例 4－2】 承接上例，按标准汇率法的会计分录如下（设标准汇率为 JDl = $4.99）：

（1）12 月 1 日

借：外币（JD）（JD3 500 × $4.99）　　$17 465

　　汇兑损益　　$35

　　贷：现金（JD3 500 × $5）　　$17 500

（2）12 月 10 日

借：购货（JD400 × $4.99）　　$1 996

　　贷：外币（JD）　　$1 996

（3）12 月 23 日

借：外币（JD）（JD500 × $4.99）　　$2 495

　　贷：汇兑损益　　$20

　　　　应收票据（JD500 × $4.95）　　$2 475

应当注意：若期末市场汇率与标准不一样，则还要作调整分录，把外币余额调整为现行价值。

二、外币交易汇兑损益的会计处理方法

对汇兑损益的会计处理方法，有“单项交易观点”与“两项交易观点”的争论，并由此产生了三种不同的会计处理方法。下面通过简例加以说明。①

【例 4-3】 美国西蒙公司 2012 年 12 月 1 日向法国某出口商购进商品一批，价值 90 000 法郎，双方约定 2013 年 1 月 31 日付款。该公司功能货币为美元。12 月 1 日、12 月 31 日和 1 月 31 日美元对法郎的汇率，分别设为 $1 = FF5；$1 = FF4.5；$1 = FF6。

在这个简例中，美国西蒙公司（进口商）将处理外币交易，而对法国出口商来说，没有发生外币交易。但如果双方约定按美元结算．则情况相反。下面我们就以进口商为会计主体来说明外币交易汇兑损益的会计处理。

（一）单项交易观点（Single—Transaction Perspective）

单项交易观点，也称一笔业务观点，就是把销售（或购货）及随后的账款结算视为一笔业务的两个阶段。汇率变动的影响应处理为对原先入账的销货收入（或购货成本）的调整，也就是说，按功能货币计量的销货收入（或购货成本）最终将决定于账款结算时的汇率。

西蒙公司所做的分录如下：

（1）2012 年 12 月 1 日

借：购货　　$18 000

　　贷：应付账款（FF90 000）　　$18 000

（按当天的汇率 $1 = FF5 入账）

（2）2012 年 12 月 31 日

借：购货　　$2 000

　　贷：应付账款　　$2 000

年终结账时，应按汇率变动调整原先入账的购货成本。FF90 000 ÷ 4.5 = $20 000，故调整额为 $20 000 − $18 000 = $2 000。对应付外币账款来说，年终时的本国货币等值也要调整为 $20 000，即增加 $2 000。

① 本书所涉及的汇率仅作示例，并非真实的外汇牌价。

(3) 2013年1月31日

借：应付账款 $5 000

贷：购货 $5 000

这时，账款结算应按汇率变动调整购货成本和应付账款。FF90 000 ÷ 6 = $15 000，调整额为 $15 000 - $20 000 = - $5 000，即两者都减少 $5 000。这样应付账款FF90 000的美元等值已调整为 $15 000（$18 000 + $2 000 - $5 000）。用美元存款按当日汇率 FF6（1 $ = FF6）兑换成 FF90 000 偿还前欠法国出口商的货款，所用美元存款额为 $15 000（FF90 000 ÷ 6）。

借：应付账款 $15 000

贷：现金 $15 000

这一观点的会计处理方法有两个特点：一是以结算作为会计处理的基准，实际上是以现金的收付确认经济业务的发生。这种观点实际上是把原来以外币标价购销记录的数额视为估计数，等结算时实付现金确定后，再予以调整。二是将汇兑损益作为购销存货的成本或收入，而不单独计列汇兑损益项目。

（二）两项交易观点（Two—Transaction Perspective）

两项交易观点，也称两笔业务观点，就是将交易的发生作为交易完成的标志。即把交易的发生和随后货款的结算看做是两项交易。这种观点认为，在交易发生时，购货成本或销货收入已按当时的汇率将外币金额折算成功能货币确定下来，而与以后货款的结算无关。至于报表编制日和交易结算日由于汇率变动而产生的外币折算差额，则作为外币折算损益，在汇兑损益账户中单独进行核算，而不列入“购货”或“销货”账户，来增减购货成本或销货收入。

在两项交易观点下，对于交易结算前发生的外币折算损益有两种处理方法：一种是作为已实现的（Realized）汇兑损益，列入当期收益表；另一种是作为未实现的（Unrealized）递延汇兑损益列入资产负债表，直到交易结算时才作为已实现的汇兑损益入账。仍以西蒙公司为例：

第一种方法：

(1) 2012年12月1日

借：购货 $18 000

贷：应付账款（FF90 000） $18 000

按当天的汇率 $1 = FF5 折算应付法国法郎账款的美元等值，同时确认以美元（功能货币）计量的购货成本。

(2) 2012年12月31日

借：汇兑损益 $2 000

贷：应付账款 $2 000

年终结账时，应按汇率变动调整应付法国法郎账款的美元等值，同时把调整额$2 000确认为汇兑损失（未实现）。这时，这一笔应付法郎的美元等值就调整为$20 000。

（3）2013年1月31日

① 借：应付账款 $5 000

贷：汇兑损益 $5 000

交易结算时，按汇率变动调整应付法郎账款的美元等值，同时把调整额 - $5 000确认为汇兑利得（已实现）。

② 借：应付账款（FF90 000） $15 000

贷：现金 $15 000

这时，这一笔应付法郎的美元等值就调整为$15 000。以$15 000按当天汇率$6兑换成FF90 000偿还应付法郎账款。

第二种方法：

（1）2012年12月1日

借：购货 $18 000

贷：应付账款（FF90 000） $18 000

按当天的汇率$1 = FF5折算应付法国法郎账款的美元等值，同时确认以美元（功能货币）计量的购货成本。

（2）2012年12月31日

借：递延汇兑损益 $2 000

贷：应付账款 $2 000

按汇率变动调整应付法国法郎账款的美元等值，同时递延当期尚未实现的汇兑损失。这时，这一笔应付法国法郎账款的美元等值就调整为$20 000。

（3）2013年1月31日

借：应付账款（FF90 000） $20 000

贷：现金 $15 000

递延汇兑损益 $2 000

汇兑损益 $3 000

交易结算日，按当天汇率$1 = FF6兑换还债所需FF90 000的美元等值$15 000与应付法国法郎账款的账面美元等值$20 000之间的差额$5 000，应对应冲转递延汇兑损失$2 000和已实现汇兑利得$3 000。

三、外币交易会计处理方法的比较

以上分别介绍了外币汇兑损益会计处理的两种观点和三种方法。三种方法的不同就在于对外币折算调整额的处理上。其中，单项交易观点将外币折算调整额作为对购货成本或销货收入的调整；两项交易观点则是将外币折算调整额作为汇兑损益处理。两项交易观点中的第 1 种方法，是将外币折算损益视为已实现的汇兑损益，列为当期损益；第 2 种方法，则视为未实现汇兑损益，作为递延损益处理，待货款结算时再转做汇兑损益。三种不同的会计处理方法对年度资产负债表和收益表有关项目的影响，见表 4－2。

表 4－2　　汇兑损益处理对会计报表项目的影响

项目	单一交易观点	两项业务观点	
		第一种方法	第二种方法
资产负债表项目：			
存款	$ 20 000	$ 18 000	$ 18 000
应付账款	$ 20 000	$ 20 000	$ 20 000
应付汇兑损益			$ 2 000
收益表项目：			
汇兑损益		$ 2 000	

根据美国会计学家菲杰托德、斯蒂克勒、瓦莰在 1979 年发表的《会计原则和惯例的国际调查》，在他们考察的 64 个国家中，两项交易观在那时已经是绝大多数国家规定的会计准则，或是占压倒优势的惯例。美国财务会计准则委员会（FASB）在 1981 年公布的第 52 号准则要求按照两项交易观处理外币交易。1983 年国际会计准则委员会发布的第 21 号国际会计准则——《汇率变动影响的会计处理》，同样肯定了两项交易观，指出只有在特殊情况下，才能采用单项交易观。

对于本期汇兑损益的确认，存在两种不同的观点：递延法和当期确认法。根据国际调查，在现行汇率制度下，大多数国家采用的是当期确认法。因为汇率变动是现实的，它对企业资产和负债的影响也是客观存在的，将汇率变动产生的损益计入当期损益能使每期反映的经营成果和财务状况更加接近客观实际情况。然而，这种方法更多的是适用于汇率正常波动的情况，一旦汇率产生巨大变动，或持续单向较大幅度变动，则会使该期会计损益由于包含过多的汇兑损益因素，导致其利润或亏损的严重失灵。这时则必须采用“递延汇兑损益”账户，将这种由于汇率巨大变动造成的损益递延到以后各期负担。

第三节　期汇合同交易的会计处理

在国际业务中，许多公司的期货业务已发展到较高水平，成为公司日常业务的一部分。与此相适应，会计准则中对此也作了详细规范。

一、有关的两组基本概念

（一）即期汇率与远期汇率

现汇交易，又称即期外汇交易，是指外汇的买卖双方，原则上在外汇买卖成交后的两个营业日内办理交割（收付）的外汇交易。买卖外汇使用的汇率，叫做即期汇率（Spot Rate）。期汇交易，又称远期外汇交易，是指在外汇买卖成交后，现有买卖双方订立合同，规定外汇买卖的数量、交割期限以及汇率等条款，到合同约定日再办理交割的一种外汇交易。期汇交易的交割期限，一般为1个月、3个月或6个月。其特点是按照期汇合同规定的期限到期交割时，无论汇率发生何种变动，都应按照合同规定的汇率办理交割手续。因此，期汇交易成为进出口和外汇债权债务人用来避免外汇风险的一种手段，这种由经纪人和客户约定将在未来一定时日据以交割的期汇交易所采用的汇率称为远期汇率（Forward Rate），也称期汇汇率。决定远期汇率的最重要因素是不同货币间的利率差别。

（二）远期升水和远期贴水

在外汇市场上，一般来说，任何一个时点上的远期汇率都不等于即期汇率。一个时点上两者间的差额即为远期升水或远期贴水。由于汇率标价方法的不同，升水、贴水的计算也不一样。在直接标价法下，远期汇率高于即期汇率的差额为升水（Premium），反之为贴水（Discount）。

二、期汇合同

期汇合同（Forward Exchange Contract）是一种约定在未来的某一日期，以一定的外汇汇率（即远期汇率）交换不同货币的契约。签订远期外汇合同是一种特殊类型的外币交易，是为回避或缩小外汇价格涨落的风险而进行的一种买卖行为。期汇合同一般有以下目的：（1）对外币交易套期保值；（2）对外币约定保值；（3）对外币投资净额保值；（4）外汇投机。本章仅以第一种目的举例说明。

三、外币交易套期保值的期汇合同

在外币交易套期保值中，进出口商品贸易中已发生的应收款、应付款债权债务，若以外币结算，则可利用期汇合同来套期保值，与经纪银行签订一项期汇合同，向经纪银行买进或卖出与债权债务等额的远期外汇，以避免结算日汇率变动可能带来的外汇风险。签订期汇合同产生的溢价费用或折价费用，在合同期内递延摊销，计入损益账户；汇率变动产生的汇兑损益，按外币交易的“两项交易观点”计入损益表，不调整进口商品的成本和出口商品的销售收入。

【例4－4】 北京S公司于2012年11月1日向美国某公司出口商品，价值10万美元，约定2013年1月31日以美元结算货款。为避免3个月后美元汇率下跌带来的损失，S公司在11月1日当即与经纪银行签订一项期汇合同，向经纪银行卖出为期90天的10万美元的远期外汇。有关汇率如下：

2012年11月1日即期汇率：$1 = ¥8.271；2012年11月1日远期汇率：$1 = ¥8.268；2012年12月31日即期汇率：$1 = ¥8.267；2013年1月31日合同到期即期汇率：$1 = ¥8.2658。

北京公司90天后要收到100 000美元，为了使这100 000美元兑换成的人民币能够固定下来，不致因汇率变动造成汇兑损失，与银行签订90天后出售100 000美元的期汇合同，这样，90天后无论汇率如何变动，北京公司肯定能收到826 800人民币（$100 000×8.268）。以北京公司为会计主体，有关会计分录如下：

1. 2012年11月1日（交易发生日和签订远期合同日）

1）按11月1日的即期汇率销售商品

借：应收账款——外币　　827 100

　　贷：销售收入　　827 100

2）与银行签订于90天后出售$100 000的合同，“应付合同款——外币”以签订日即期汇率入账，应收期汇合同款以远期汇率入账；远期汇率小于即期汇率的折价费用，在合同期内作递延处理。

借：应收期汇合同款　　826 800

　　期汇合同递延折价费用　　300

　　贷：应付期汇合同款——外币　　827 100

2. 2012年11月31日

3）分摊相应承担的折价费用100（300/3）

借：财务费用——外币折价费用　　100

　　贷：期汇合同递延折价费用　　100

3. 2012 年 12 月 31 日（资产负债表日）

4）以资产负债表日的即期汇率调整应收账款，并确认汇兑损失 400［＄100 000 ×（8. 271 － 8. 267）］：

借：汇兑损益 400

贷：应收账款——外币 400

5）以资产负债表日的即期汇率调整应付期汇合同款，并确认汇兑利得 400［＄100 000 ×（8. 271 － 8. 267）］：

借：应付期汇合同款——外币 400

贷：汇兑损益 400

此时外币应收账款上的汇兑损失由外币应付期汇合同款的汇兑利得弥补。

6）分摊相应承担的折价费用 100（300/3）

借：财务费用——外币折价费用 100

贷：期汇合同递延折价费用 100

4. 2013 年 1 月 31 日（结清日）

7）收到美元应收账款，并确认汇兑损失：

借：银行存款——外币 826 580

汇兑损益 120

贷：应收账款——外币 826 700

8）按远期合同以外币清偿应付合同款，并确认汇兑利得：

借：应付期汇合同款——外币 826 700

贷：汇兑损益 120

银行存款——外币 826 580

9）分摊相应承担的折价费用 100（300/3）

借：财务费用——外币折价费用 100

贷：期汇合同递延折价费用 100

10）按远期合同收到应收期汇合同款：

借：银行存款——本币 826 800

贷：应收期汇合同款 826 800

外币交易套期保值的期汇合同账务处理流程图如图 4 －2 所示：

从例 5 －4 可以看出，北京公司在 2012 年度和 2013 年度除将期汇合同递延折价摊销外，均未再因汇率变动而产生损益，因为一个项目产生损失的同时，另一个项目产生了利得，两者对冲之后消除了汇率变动产生的影响。2013 年 1 月 31 日北京公司如数收到￥826 800，若不签订该期汇合同，按当时的即期汇率出售＄100 000，则只

应收账款——外币

借方	贷方
1)827100	4）400
	7）826700

销售收入

借方	贷方
	1）827100

应收期汇合同款

借方	贷方
2）826800	10）826800

应付期汇合同款——外币

借方	贷方
5）400	2）827100
8）826700	

汇兑损益

借方	贷方
4）400	5）400
7）120	8）120

期汇合同递延折价费用

借方	贷方
2）300	3）100
	6）100
	9）100

财务费用——外币折价费用

借方	贷方
3）100	
6）100	
9）100	

银行存款——外币

借方	贷方
7）826580	8）826580

银行存款——本币

借方	贷方
10）826800	

图 4－2　外币交易套期保值的期汇合同账务处理流程图

能收到￥826 580（＄100 000×8.265 8）。所以签订合同可获利￥220。如果人民币升值更大，则北京公司会受益更大。当然，如果汇率朝相反方向变动，北京公司则会遭受损失。

第四节　金融工具会计准则的国际比较

本节介绍主要西方国家有关外币交易会计与衍生金融工具会计的准则、惯例以及国际会计准则。

一、外币交易会计的国际惯例与准则

（一）美国的会计准则

美国财务会计准则委员会（FASB）在 1975 年发布的第 8 号财务会计准则公告《外币交易会计与外币财务报表折算》中，明确地要求对外币交易会计采用两项交易观。在 1981 年发布的用以替代第 8 号财务会计准则公告的第 52 号财务会计准则公告《外币

折算》中，同样肯定两项交易观。同时，这两个财务会计准则公告都明确规定不区分已实现和未实现的汇兑损益，而把在每一期间确认的已实现汇兑损益和期末因对货币性外币项目账面余额的本国货币等值进行调整而确认的未实现汇兑损益，都记入当期收益。

（二）英国及其他国家的会计准则和惯例

英国会计标准委员会（ASC）于1983年发布的第20号标准会计惯例公告《外币折算》，在外币交易会计方面十分类似美国的第52号财务会计准则公告，即肯定两项交易观和规定不区分已实现和未实现的汇兑损益。

加拿大特许会计师协会于1983年发布的第1650节会计建议书《外币折算》，也与上述美、英两国的准则相类似。

（三）第21号国际会计准则

国际会计准则委员会于1983年发布的第21号国际会计准则《汇率变动影响的会计处理》（1993年已修订，并改名为《汇率变动的影响》），同样要求按照两项交易观点处理外币交易，并且也主张在绝大多数情况下应立即确认汇兑损益而不予递延。

二、衍生金融工具会计准则的国际比较

20世纪80年代以来，随着世界经济的迅猛发展，不确定性因素的增多，衍生金融工具在国际市场上异军突起。当前，国际金融市场上已知的衍生金融工具已有1 200种。尽管品种繁多，创新不断，但它的基本形式主要为以下四类：远期合同（Forward Contract）、期货合同（Futures Contract）、期权合同（Option Contract）和掉期（或互换）交易（Swap Transactions）。

（一）美国财务会计准则委员会（FASB）相关准则的制定

总的来看，FASB相关准则的制定可以分为四个阶段：（1）金融工具会计准则发展的初始阶段。这一阶段以1981年发布的第52号会计准则公告《外币折算》（SFAS52）和1984年《期货和约》（SFAS80）为标志，这两项准则规范了新兴金融工具（含衍生金融工具）交易所引发的会计问题，在当时发挥了积极的作用。（2）金融工具会计准则的披露与列报阶段。1990年的《具有表外风险和信用风险集中的金融工具的信息披露》（SFAS105）、1991年的《金融工具公允价值的披露》（SFAS107）和1994年的《关于衍生金融工具和金融工具公允价值的披露》（SFAS119），标志着金融工具披露和列报准则的形成。（3）金融工具会计的确认与计量阶段。这一阶段以1998年6月《衍生工具和套期活动会计处理》（SFAS133）的颁布为标志，要求将衍生金融工具按公允价值计量，并确认为资产负债表内的资产和负债。已发布的披露准则SFAS105和SFAS119已经被SFAS133所取代，SFAS133在确认、计量及披露方面均有

重大突破，属于衍生金融工具会计发展的里程碑，但相对于全面公允价值计量的目标，仍属于中间阶段的成果。（4）金融工具会计准则的修订与逐步完善阶段。SFAS133 发布后，FASB 对其进行了多次修改，如 2000 年的《特定衍生工具和特定套期保值活动的会计处理》（SFAS138）和《金融资产转让和服务以及债务消除的会计处理》（SFAS40）、2003 年的《对 SFAS133 号衍生工具和套期活动准则的修订》（SFAS149）和《具有负债和权益双重性质的金融工具的会计处理》（SFAS150）等，增强了准则的可读性和有用性。

（二）国际会计准则委员会相关准则的制定

国际会计准则委员会的发展也经历了四个阶段：（1）准则的意见征求阶段。国际会计准则委员会和加拿大特许会计师协会（CICA）经过三年多的努力，于 1991 年首次公布了专门针对金融工具会计处理的国际会计准则第 40 号征求意见稿《金融工具》（ED40）。接着，ED48《金融工具》于 1994 年全面取代了 ED40。随后，国际会计准则委员会经过慎重考虑，及时调整战略，将整个金融工具项目分成披露和列报以及确认和计量两部分，采取先易后难的策略。（2）金融工具会计准则的披露与列报阶段。国际会计准则委员会于 1995 年颁布了国际会计准则第 32 号《金融工具：披露和列报》（IAS32），该准则绕开了金融工具的确认和计量问题，规定了资产负债表内某些金融工具的列报要求。IAS32 的出台标志着金融工具项目第一阶段任务的完成。（3）金融工具会计准则的确认与计量阶段。1997 年 3 月，国际会计准则委员会与加拿大注册会计师协会联合发布了综合性讨论稿《金融资产和金融负债会计》。1998 年，国际会计准则委员会公布了第 62 号征求意见稿《金融工具：确认与计量》（ED62）。在广泛征求意见的基础上，1998 年 12 月，IASB 发布了《金融工具：确认和计量》（IAS39）。至此，核心国际会计准则所有关键项目基本完成。（4）IAS32 和 IAS39 的后续修订及完善阶段。2009 年 IASB 发布了国际财务报告准则 IFRS9《金融工具》，2010 年 10 月 IASB 发布了国际 IFRS9 的修订版，IASB 致力于对现行的国际会计准则有关金融工具的部分进行补充与完善。

综上所述，尽管国际会计准则委员会与 FASB 对衍生金融工具的会计研究仍存在差异与疑问，需要很长一段时间的相互协调与完善，但他们制定的准则都没有被现行实务和有关现行法律与法规所束缚，而是对传统财务会计模式下的固有观念进行了勇敢地突破，从而完成了对目前财务会计的一次重要改进。关于衍生金融工具会计问题的研究还在不断进行之中。可以预见，随着衍生金融工具不断发展、完善，会计改革进一步深化，呈现在我们面前的将是一个全新的会计模式。

思考练习题

1. “外币兑换”和“外币折算”这两个概念是否等同？如不同，两者间的关系如何？

2. 评价“功能货币”、“记账本位币”这两个概念。

3. 为什么“两项交易观”会取代“单一交易观”？

4. 你对应否确认未实现的汇兑损益有何看法？

5. 为什么衍生金融工具交易长期作为表外业务处理？这带来什么严重后果？

6. 衍生金融工具蕴含的权利、义务是否符合资产、负债的定义？

7. 你对国际会计准则委员会和 FASB 主张所有金融工具（包括基本的和衍生的）都以公允价值计量的观点有何评论？你怎样理解公允价值？

8. 什么是衍生金融工具？它与传统金融工具相比，具有哪些特点？

9. 为什么说衍生金融工具的出现将对传统会计的结构模式带来根本性的变化？

10. 简述国际会计准则委员会对衍生金融工具会计准则制定所做的努力和贡献。

第五章

外币报表折算

本章学习目标

1. 了解外币报表折算的概念和相关的会计问题；
2. 掌握外币报表折算的会计处理方法；
3. 熟悉外币折算方法的比较与评价。

随着跨国公司在整个世界经济中所发挥的作用和所占的比例越来越大，作为跨国公司合并会计报表编制前提的外币报表折算显得越发重要。外币财务报表折算是传统跨国公司会计的著名难题之一，是当今国际会计问题中令人最伤脑筋和争论最大的技术问题之一，就世界范围来看，其会计理论和实务还没能得到圆满的解决。

第一节　外币报表折算概述

所谓外币财务报表的折算，是指从事国际经营活动的公司采用它们的编报货币来重新表述财务报表中按外币计量的资产、负债、收入和费用的会计程序和方法。外币报表折算的动因主要包括：（1）编制合并财务报表的需要；（2）管理和监控的需要；（3）国际投资的需要。为了全面反映跨国公司的整体财务状况和经营成果，每一会计期末母公司需要将以外币表示的和国外子公司的会计报表折算为以母公司记账本位币表示的报表，然后再进行合并。外币报表的折算过程只是将一种货币换算为另一种货币，不是实际意义上的经济交易行为，因此无需作账务处理，只需对会计报表作相应的调整。

折算问题的根源是汇率不固定。假如英镑与美元间的汇率永远是£1 = $2，那么，

对把账面价值 \$200 的美国资产折算成的英镑价值就没有理由存在不同的意见，它一定是￡100。然而，汇率并非固定不变。汇率不固定给会计人员带来这样两个问题：(1) 当取得资产或发生负债时的汇率不同于现行汇率时，用以折算该项资产或负债的合适汇率是哪个？即折算汇率选择问题。(2) 应当怎样处理由于汇率变动而产生的收益或损失？即折算损益处理问题。

【例 5-1】 假设一家英国公司的美国子公司于 2012 年 12 月 31 日取得一项资产（例如存货），其成本为 \$1 000，当日的汇率为￡1 = \$1.45。一年之后，即 2013 年 12 月 31 日，该子公司仍然持有上述资产，此时汇率为￡1 = \$1.15，这项资产按其历史成本 \$1 000列入资产负债表。2013 年 12 月 31 日编制合并资产负债表时，就有两个问题出现：

第一，在资产负债表中，该项资产的价值应该确定为多少？在历史成本会计下，有两种可能的价值：(1) 以英镑表述的取得日的成本。这个成本数字可按取得日的汇率折算成美元，即为 \$1 000 ×￡1/ \$1.45 =￡690。资产取得日的汇率称为“历史汇率”。(2) 美元成本在资产负债表日，即 2013 年 12 月 31 日的英镑等值：\$1 000 ×￡1/ \$1.15 =￡870。当期资产负债表日的汇率称为“期末汇率”。

第二，如果在 2013 年 12 月 31 日的资产负债表上采用后一个数字（￡870），这个数字与 2012 年 12 月 31 日资产负债表所列数字（￡690）之间的差额应如何处理？这￡180 的资产价值增加必须给予处理。

由于第一个问题涉及公司资产和负债的价值确定，因而更为主要。它不仅影响资产负债表，而且最终影响利润的计算，因为就定义来讲，公司的利润正是某一期间公司净值的增加数。因此，以下我们更注重讨论这个问题。第二个问题主要是关于表述的问题，即应该怎样表述折算损益以及怎样在财务报表上列示它们。

第二节　外币报表折算的会计处理方法

外币报表折算的会计处理方法主要有两个问题：折算汇率的选择和折算损益的处理。

一、汇率选择的方法

为了满足编制合并会计报告的需要，人们对如何折算国外子公司的外币财务报表进行了长期的探索，形成了四种基本的折算模式，即目前在国际上使用着的四种不同的外币折算方法。

（一）现行汇率法（Current Rate Method，CRM）

现行汇率法亦称“期末汇率法”，是一种单一汇率法，它是各种折算方法中最为简便易行的一种方法，也是历史上最古老的方法。采用这一方法，就是对列入资产负债表的所有外币资产和负债项目均按编表日的现行汇率（即期末汇率）折算；实收资本（业主权益）项目按股份发行日的历史汇率折算；收益表中的收入和费用从理论上讲按确认这些项目时的现行汇率折算，但由于导致收入和费用的交易是经常且大量发生的，为简便起见，通常是按照当期现行汇率的加权平均数折算。美国第52号财务会计准则要求按平均汇率，英国第20号标准会计惯例和第21号国际会计准则都允许在平均汇率或期末汇率之间做出选择。

（二）流动与非流动项目法（Current - Noncurrent Method，CNM）

凡流动资产和流动负债均按结账日的现行汇率折算为母公司报告中的货币；凡非流动性的资产和负债项目则按资产取得的当天以及负债成立或发生那天的实际汇率（历史汇率）折算，公司实收资本的外币余额，应按股份发行日的历史汇率折算；留存收益则可利用资产负债表的平衡原理轧算而得。至于损益表项目，一般按每一会计期的平均汇率或按整个报告期的加权平均汇率折算；销货成本则需根据“期初存货 + 本期购货 - 期末存货”的关系式对存货和购货分别折算后确定，因为期初期末存货是分别按上期末和本期末的汇率折算的，而购货则是按本期的平均汇率折算的；折旧费和摊销费则按取得有关资产时的历史汇率换算。这种方法的理论依据是：非流动资产在短期内不会转变为现金，所以它们不受现行汇率变动的影响。

（三）货币与非货币项目法（Monetary - Nonmonetary Method，MNM）

首先把资产负债表中的项目分为货币性项目与非货币性项目两大类。货币性项目，包括货币性资产和货币性负债。前者指以货币形态存在的各项资产，如现金、应收账款和应收票据等金额固定的长短期债权；后者指以货币形态存在的各项负债，如应付账款、应付票据等金额固定的长短期债务。除货币性项目以外的资产、负债项目，都是非货币性项目，如存货、固定资产、长期投资、无形资产等。货币性项目的特征是：它们的价值是按外币的固定金额表述的，汇率一有变动，它们的本国货币等值就会发生变动。运用该法折算时，对货币性项目，按编表日的现行汇率折算；对非货币性项目及业主权益项目，按原入账的历史汇率折算，公司实收资本的外币余额，应按股份发行日的历史汇率折算；留存收益则可利用资产负债表的平衡原理轧算而得。对收益表中的折旧和摊销费用项目，同流动与非流动项目法一样，也用历史汇率进行折算；其他所有费用及收入项目按报告期的平均汇率折算，由于存货按历史汇率折算，销货成本则需根据“期初存货 + 本期购货 - 期末存货”的关系式对存货和购货分别折算后确定，因为期初期末存货是分别按上期末和本期末的汇率折算的，而购货则是按本期的平均汇率折算的；至于其他费用则按会计期内的平均汇率折算。

（四）时态法（Temporal Method，TM）

1975 年美国财务会计准则委员会（FASB）发布的第 8 号《财务会计准则》确定时态法为统一的折算方法。资产负债表各项目的折算汇率取决于这些项目的计价方法，这是折算汇率选择的逻辑基础。据此，结账日资产负债表中，以现行价值、可变现净值和重置成本反映的项目（所有货币性项目及以现行成本计价的非货币性项目），根据时态的原则，按现行汇率进行折算，以历史成本计价的项目按历史汇率折算，公司实收资本的外币余额，应按股份发行日的历史汇率折算；留存收益则可利用资产负债表的平衡原理轧算而得。或者说，对所有的货币性资产、负债项目按编表日的现行汇率（即期末汇率）折算，对于按历史成本计量的非货币性资产、负债项目采用原入账时的历史汇率折算，对按现行成本计量的非货币性资产、负债项目采用期末汇率折算。

收入和费用项目从理论上讲应按交易发生时的实际汇率折算，若收入、费用业务量较大，可按平均汇率计算；对折旧费用及诸如无形资产之类的摊销费用，应按相关的固定资产和无形资产取得日的历史汇率折算；销货成本则需根据“期初存货 + 本期购货 - 期末存货”的关系式对存货和购货分别折算后确定，因为期初期末存货是分别按上期末和本期末的汇率折算的，而购货则是按本期的平均汇率折算的。由于所使用的汇率与计价的时间相关，因而称为时态法。资产项目中以过去的交换价格记录的，反映的是历史成本，就要按历史汇率折算；按市价记录的，反映现行价值的，就要按现行汇率折算。例如，一项固定资产是以其被购买时的货币价格记录的，就要按购买这项资产时的汇率进行折算，以结账日现行重置成本计价的，就要按现行汇率折算。

下面把不同的折算方法，对资产负债表的各个项目选用的汇率概括地列表（见表 5-1）以示比较。

表 5-1　各种外币换算方法使用汇率表

	现行汇率法	流动与非法动法	货币法非货币法	时态法
现金	C	C	C	C
应收账款	C	C	C	C
存货：按成本计价	C	C	H	H
按市价计价	C	C	H	C
投资：按成本计价	C	H	H	H
按市计计价	C	H	H	C
固定资产	C	H	H	H
其他资产	C	H	H	H

续表

	现行汇率法	流动与非法动法	货币法非货币法	时态法
应付账款	C	C	C	C
长期负债	C	H	C	C
普通股票	C	H	H	H
留存收益	R	R	R	R

说明：C——现行汇率

H——历史汇率

R——资产和权益的平衡数

二、折算损益的处理方法

外币报表折算损益，指外币报表折算时，由于报表的不同项目采用不同汇率折算而产生的差额，美国人称为“折算调整额”（Translation Adjustments），英国人称之为“汇兑差异”（Exchange Differences）。外币报表折算损益与外币交易折算损益不同，主要表现在：（1）外币交易折算损益是在交易过程中或报表编制日将外币交易金额折算为功能货币时而发生的差异；而外币报表折算损益则是在国外子公司报表的基础上，将一种货币表示的报表折算为另一种货币表示的报表所产生的差异。（2）外币交易折算损益，包括已实现和未实现的外币折算损益；而外币报表折算损益，则都是未实现的外币折算损益。（3）外币交易损益应在账簿中加以记录，而外币报表折算损益通常只反映在合并报表之中。

折算损益在国际上也存在着各种各样的处理方法，主要有：（1）直接计作股东权益的变动。就是把折算损益作为合并业主权益的一部分，在资产负债表或留存收益表上单独累积列示，不在收益表上反映。（2）采用递延处理方法。就是采用递延方式把折算损益在有关的资产和负债项目的有效使用期内，分期予以摊销。（3）计入本期损益表。就是把折算损益全部列入当期收益表内予以确认，而不用递延和分期摊销。（4）部分递延。根据稳健主义，损失在发生时立即确认，而利得则在真正实现时才确认。

在本节的最后，我们把各种折算方法对折算损益的处理归纳如下：（1）流动与非流动项目法与货币与非货币项目法对折算损益的处理大致相同。折算损益在报告期内结出净额，根据稳健主义原则，折算净损失计入当期损益，折算收益则递延，作为暂记项目列入资产负债表，用于抵消未来会计期间的折算损失。（2）现行汇率法将折算损益作为一个单独项目反映在合并股东权益中。（3）时态法将折算损益计入当期损益。

第三节 外币报表折算例析

外币报表折算可供选用的方法有现行汇率法、流动与非流动项目法、货币与非货币项目法和时态法 4 种，下面举例比较说明 4 种方法。

【例 5－2】①假设美国甲公司（母公司）在国外设有 ABC 公司（子公司）。该公司使用所在国货币（FC）记账。该公司 2012 年度的资产负债表与收益及留存收益表以及有关汇率列示于表 5－2 和表 5－3。

表 5－2　　ABC 公司资产负债表

2012 年 12 月 31 日	
现金	FC300
应收账款	600
存货（按市价）	1 200
固定资产	3 600
减：累计折旧	(1 000)
长期应收票据	1 100
资产合计	FC5 800
应付账款	FC800
短期借款	700
长期负债	1 000
股本	2 000
留存收益	1 300
负债及股本权益合计	FC5 800

设：

（1）2012 年 12 月 31 日现行汇率　　FC1 = $0.50

（2）2012 年平均汇率　　FCl = $0.44

（3）2012 年第四季度平均汇率　　FCl = $0.42

（4）股票发行日汇率　　FCl = $0.45

① 本例取自王德升等主编：《国际会计》，中国审计出版社，2000 年第二版，第 273 页，编者做了一些调整。

(5) 股利支付日汇率　FC1 = $0.46

(6) 固定资产购置日汇率　FC1 = $0.43

(7) 长期应收票据发生日汇率　FC1 = $0.44

(8) 长期负债日发生汇率　FC1 = $0.48

表 5－3　**ABC 公司收益及留存收益表**

2012 年 1 月 1 日至 12 月 31 日

销售收入		FC8 000
销货成本	FC6 500	
折旧费	200	
管理费用	700	7 400
税前利润		FC600
所得税		200
税后利润		FC400
留存收益（31/12/2011）		1 250
合计		FC1 650
股利分配		350
留存收益（31/12/2012）		FC1 300

另设：期初存货 FC1 100，本期购入存货 FC6 600，期末存货 FC1 200，现行汇率法，流动与非流动项目法、货币性与非货币性项目法，时态法下期初（即 31/12/2011）的留存收益分别为 $525，$532，$537，$535。

一、现行汇率法例析

1. 将 ABC 公司以外币表示的收益及留存收益表折算成以美元表示的报表。由于在现行汇率法下，折算形成的差额被揭示为股东权益部分的折算调整额，故折算程序应先从收益及留存收益表开始。表内销售收入、费用项目按年平均汇率折算，股利分配按支付日汇率折算（见表 5－4）。

表 5－4　**ABC 公司收益及留存收益表**

2012 年 1 月 1 日至 12 月 31 日

项　目	外　币	汇　率	美　元
销售收入	FC8 000	0.44	$ 3 520
销售成本	6 500	0.44	2 860
折旧费	200	0.44	88
管理费用	700	0.44	308
税前利润	FC600		$ 264
所得税	200	0.44	88
税后利润	FC400		$ 176
留存收益（31/12/2011）	1 250		525①
股利分配（30/6/2012）	350	0.46	161
留存收益（31/12/2012）	FC1 300		$ 540

① 根据上年度报表数字填列。

2. 将 ABC 公司资产负债表折算为美元表示的报表。表内所有外币资产和负债项目都按编表日的现行汇率折算，股东权益项目按历史汇率折算。折算损益按递延处理，以折算调整额项目单独列示（见表 5－5）。

表 5－5　**ABC 公司资产负债表**

2012 年 12 月 31 日

项　目	外　币	外币汇率	美　元
现金	FC300	0.50	$ 150
应收账款	600	0.50	300
存货（按市价）	1 200	0.50	600
固定资产	3 600	0.50	1 800
减：累计折旧	（1 000）	0.50	（500）
长期应收票据	1 100	0.50	550
资产合计	FC5 800		$ 2 900
应付账款	FC800	0.50	$ 400
短期借款	700	0.50	350
长期负债	1 000	0.50	500

续表

项　目	外　币	外币汇率	美　元
股本	2 000	0.45	900
留存收益	1 300		540①
折算调整额			210②
负债及股东权益合计	FC5 800		$2 900

① 根据本年度收益及留存收益表数字填列。

② 折算利得 210，根据下式倒挤计算求得（假设以前年度折算调整额为 0）：

$$2\ 900-(400+350+500+900+540)=210$$

二、流动与非流动项目法例析

1. 将 ABC 公司以外币表示的资产负债表折算成以美元表示的报表。表内所有流动性的资产和负债项目均按编表日的现行汇率折算，其他项目按历史汇率折算。年末留存收益金额根据“资产 = 负债 + 股东权益”的平衡关系倒挤求得（见表 5 - 6）。

表 5 - 6　　ABC 公司资产负债表

2012 年 12 月 31 日

项　目	外　币	外币汇率	美　元
现金	FC300	0.50	$150
应收账款	600	0.50	300
存货	1 200	0.50	600
固定资产	3 600	0.43	1 548
减：累计折旧	(1 000)	0.43	(430)
长期应收票据	1 100	0.44	484
资产合计	FC5 800		$2 652
应付账款	FC800	0.50	$400
短期借款	700	0.50	350
长期负债	1 000	0.48	480
股本	2 000	0.45	900
留存收益	1 300		522①
负债及股东权益合计	FC5 800		$2 652

① 根据下式倒挤求得：2 652 -（400 + 350 + 480 + 900）= $522

2. 将ABC公司以外币表示的收益及留存收益表折算为美元表示的报表。表内销售收入、管理费、所得税项目按年平均汇率折算，折旧费按历史汇率、股利分配按支付日汇率（见表5-7）。

表5-7　　ABC公司收益及留存收益表

2012年1月1日至12月31日

项　目	外　币	汇　率	美　元
销售收入	FC8 000	0.44	$3 520
销售成本	6 500		2 744③
折旧费	200	0.43	86
管理费用	700	0.44	308
折算损益（损失）			143④
税前利润	FC600		$239
所得税	200	0.44	88
税后利润	FC400		$151
留存收益（31/12/1999）	1 250		532①
股利分配（30/6/2000）	350	0.46	161
留存收益（31/12/2000）	FC1 300		$522②

说明：

① 根据上年度报表数字填列。

② 根据本年度资产负债表留存收益项目金额填列。

③ 销货成本折算美元的计算：期初存货＋本期购货－期末存货＝销货成本

i 期初存货折算金额从上年资料取得：FC11 100×0.40＝$440

ii 设2012年内购货FC 6 600，按年平均汇率折算：FC 6 600×0.44＝$2 904

iii 期末存货FC1 200，按现行汇率折算：FC1 200×0.50＝$600

iv 销货成本折算美元金额为：440＋2 904－600＝FC2 744

④ 折算损失$143根据下式倒挤计算求得：

i 税后利润：522＋161－532＝$151

ii 税前利润：151＋88＝$239

iii 折算损失：3 520－（2 744＋86＋308）－239＝$143

三、货币与非货币性项目法例析

1. 将ABC公司以外币表示的资产负债表折算成以美元表示的报表。表内所有货币性的资产和负债项目均以编表日现行汇率折算，其他项目按历史汇率折算（其中存货以本年第四季度平均汇率 0.42 作为历史汇率）。年末留存收益金额根据“资产 = 负债 + 股东权益”的平衡关系倒挤求得（见表 5 - 8）。

表 5 - 8　　**ABC 公司资产负债表**

2012 年 12 月 31 日

项　目	外　币	外币汇率	美　元
现金	FC300	0.50	$ 150
应收账款	600	0.50	300
存货（按市价）	1 200	0.42	504
固定资产	3 600	0.43	1 548
减：累计折旧	（1 000）	0.43	（430）
长期应收票据	1 100	0.50	550
资产合计	FC5 800		$ 2 622
应付账款	FC800	0.50	$ 400
短期借款	700	0.50	350
长期负债	1 000	0.50	500
股本	2 000	0.45	900
留存收益	1 300		472①
负债及股东权益合计	FC5 800		$ 2 622

① 根据下式倒挤求得：2 622 - （400 + 350 + 500 + 900） = $ 472

2. 将 ABC 公司以外币表示的收益及留存收益表折算成以美元表示的报表。表内销售收入、管理费、所得税项目按年平均汇率折算，折旧费按历史汇率折算，股利分配按支付日汇率折算。折算损失作为当期损益处理（见表 5 - 9）。

表 5 - 9　　**ABC 公司收益及留存收益表**

2012 年 1 月 1 日至 12 月 31 日

项　目	外　币	汇　率	美　元
销售收入	FC8 000	0.44	$ 3 520
销售成本	6 500		2 851③

续表

项　目	外　币	汇　率	美　元
折旧费	200	0.43	86
管理费用	700	0.44	308
折算损益（损失）			91④
税前利润	FC600		$ 184
所得税	200	0.44	88
税后利润	FC400		$ 96
留存收益（31/12/2011）	1 250		537①
股利分配（30/6/2012）	350	0.46	161
留存收益（31/12/2012）	FC1 300		$ 472②

说明：

① 根据上年度报表数字填列。

② 根据本年度资产负债表留存收益项目金额填列。

③ 销货成本折算美元的计算：期初存货 + 本期购货 - 期末存货 = 销货成本

i 期初存货折算金额从上年资料取得：FC11 100 × 0.41 = $ 451

ii 设 2012 年内购货 FC 6 600，按年平均汇率折算：FC 6 600 × 0.44 = $ 2 904

iii 期末存货 FC1 200，按现行汇率折算：FC1 200 × 0.42 = $ 504

iv 销货成本折算美元金额为：451 + 2 904 - 504 = $ 2 851

④ 折算损失 $ 91 根据下式倒挤计算求得：

i 税后利润：472 + 161 - 537 = $ 96

ii 税前利润：96 + 88 = $ 184

iii 折算损失：3 250 -（2 851 + 86 + 308）- 184 = $ 91

四、时态法例析

1. 将 ABC 公司以外币表示的资产负债表折算成以美元表示的报表。由于在时态法下，折算形成的差额被揭示为折算损益，故折算程序应先从资产负债表开始。表内所有货币性的资产和负债项目以及按现行市场价格计价的存货项目按编表日现行汇率折算，其他项目按历史汇率折算。年末留存收益金额根据"资产 = 负债 + 股东权益"的平衡关系倒挤求得（见表 5 - 10）。

表 5 – 10　　**ABC 公司资产负债表**

2012 年 12 月 31 日

项　目	外　币	外币汇率	美　元
现金	FC300	0.50	$150
应收账款	600	0.50	300
存货（按市价）	1 200	0.50	600
固定资产	3 600	0.43	1 548
减：累计折旧	(1 000)	0.43	(430)
长期应收票据	1 100	0.50	550
资产合计	FC5 800		$2 718
应付账款	FC800	0.50	$400
短期借款	700	0.50	350
长期负债	1 000	0.50	500
股本	2 000	0.45	900
留存收益	1 300		568①
负债及股东权益合计	FC5 800		$2 718

① 根据下式倒挤求得：2 718 –（400 + 350 + 500 + 900）= $568

2. 将 ABC 公司以外币表示的收益及留存收益表折算成以美元表示的报表，表内除销货成本及年初留存收益外，其他项目折算汇率及折算美元金额均与货币与非货币项目法下相同（见表 5 – 11）。

表 5 – 11　　**ABC 公司收益及留存收益表**

2012 年 1 月 1 日至 12 月 31 日

项　目	外　币	汇　率	美　元
销售收入	FC8 000	0.44	$3 520
销售成本	6 500		2 744③
折旧费	200	0.43	86
管理费用	700	0.44	308
折算损益（损失）			100④

续表

项　目	外　币	汇　率	美　元
税前利润	FC600		$ 282
所得税	200	0.44	88
税后利润	FC400		$ 194
留存收益（31/12/2011）	1 250		535①
股利分配（30/6/2012）	350	0.46	161
留存收益（31/12/2012）	FC1 300		$ 568②

说明：

① 据上年度报表数字填列。

② 根据本年度资产负债表留存收益项目金额填列。

③ 销货成本折算美元的计算：期初存货＋本期购货－期末存货＝销货成本

i 期初存货折算金额从上年资料取得：FC11 000 × 0.40 = $ 440

ii 设 2012 年内购货 FC 6 600，按年平均汇率折算：FC 6 600 × 0.44 = $ 2 904

iii 期末存货 FC1 200，按现行汇率折算：FC1 200 × 0.50 = $ 600

iv 销货成本折算美元金额为：440 + 2 904 - 600 = $ 2 744

④ 折算损失 $ 143 根据下式倒挤计算求得：

i 税后利润：568 + 161 - 535 = $ 194

ii 税前利润：194 + 88 = $ 282

iii 折算损益：3 250 - （2 744 + 86 + 308） - 282 = $ 100

五、各种外币报表折算方法的会计结果

现将按 4 种方法折算后的资产负债表、收益及留存收益表列示于下，以便比较（见表 5 - 12 和表 5 - 13）。

表 5 - 12　　**ABC 公司资产负债表**

（2012 年 12 月 31 日）

项　目	FC	现行汇率法		流动与非流动项目法		货币与非货币性项目法		时态法	
		汇率	US $	汇率	US $	汇率	US $	汇率	US $
现金	300	0.50	150	0.50	150	0.50	150	0.50	150

续表

项 目	FC	现行汇率法		流动与非流动项目法		货币与非货币性项目法		时态法	
		汇率	US $	汇率	US $	汇率	US $	汇率	US $
应收账款	600	0.50	300	0.50	300	0.50	300	0.50	300
存货（按市价）	1 200	0.50	600	0.50	600	0.42	504	0.50	600
固定资产	3 600	0.50	1 800	0.43	1 548	0.43	1 548	0.43	1 548
减：累计折旧	(1 000)	0.50	(500)	0.43	(430)	0.43	(430)	0.43	(430)
长期应收票据	1 100	0.50	550	0.44	484	0.50	550	0.50	550
资产合计	5 800		2 900		2 652		2 622		2 718
应付账款	800	0.50	400	0.50	400	0.50	400	0.50	400
短期借款	700	0.50	350	0.50	350	0.50	350	0.50	350
长期负债	1 000	0.50	500	0.48	480	0.50	500	0.50	500
股本	2 000	0.45	900	0.45	900	0.45	900	0.45	900
留存收益	1 300		540		522		472		568
折算调整额（利得）			210		—		—		—
负债及股东权益合计	5 800		2 900		2 652		2 622		2 718

表 5-13　　ABC 公司收益及留存收益表

（2012 年 1 月 1 日至 12 月 31 日）

项目	FC	现行汇率法		流动与非流动项目法		货币与非货币性项目法		时态法	
		汇率	US $	汇率	US $	汇率	US $	汇率	US $
销售收入	8 000	0.44	3 520	0.44	3 520	0.44	3 520	0.44	3 520
销售成本	6 500	0.44	2 860		2 744		2 851		2 744
折旧费	200	0.44	88	0.43	86	0.43	86	0.43	86
管理费用	700	0.44	308	0.44	308	0.44	308	0.44	308
折算损益（损失）					143		91		100

续表

项目	FC	现行汇率法		流动与非流动项目法		货币与非货币性项目法		时态法	
		汇率	US $	汇率	US $	汇率	US $	汇率	US $
税前利润	600		264		239		184		282
所得税	200	0.44	88	0.44	88	0.44	88	0.44	88
税后利润	400		176		151		96		194
留存收益（31/12/2011）	1 250		525		532		537		535
股利分配（30/6/2012）	350	0.46	161	0.46	161	0.46	161	0.46	161
留存收益（31/12/2012）	1 300		540		522		472		568

对比上表可见，由于各种报表折算方法所用汇率以及折算损益处理方法的不尽相同，折算后的损益及股东权益（留存收益）也不一致。仅以现行汇率法与时态法相比为例，前法折算结果为收益（利得）$210，但不列为当期损益，而列于资产负债表中作递延处理；年末留存收益额为$540。后法折算结果则为损失$100，作为当期损益，列于收益及留存收益表之内；年末留存收益额为$568。由此可见，采用不同方法，折算后报表所反映的企业财务状况和经营成果也会有较大差异。不过各种方法之间的差异有时也很小，条件变了，一种方法与另一种方法的区别也就消失了。例如，在历史成本制度下不允许重新估价，这时货币与非货币法和时态法就没有区别了；如果采用现行成本制度，时态法和现行汇率法会取得同样的折算结果。

第四节　外币折算方法的比较与评价

外币折算方法的比较与评价主要包括折算方法采用的国际比较、折算方法选择的国际标准比较和外币报表折算的国际比较与协调三方面内容。

一、折算方法采用的国际比较

根据普赖斯·华特豪斯国际会计公司的菲茨杰拉德、斯蒂克勒和瓦茨的《国际调查》及美国学者 D·S·乔伊及 V·巴维什 1982 年秋在《国际会计杂志》上发表的《财务会计标准：跨国公司的综合与政策结构》，世界 53 个国家和地区外币折算方法采用情况的调查总结见表 5－14。

表 5－14　　各国外币报表折算方法比较

折算方法	采用的国家和地区
现行汇率法	美国、英国、法国、联邦德国、日本、荷兰、丹麦、意大利、比利时、挪威、加拿大、马来西亚、斐济、巴拉圭、象牙海岸、肯尼亚、博茨瓦纳、塞内加尔、津巴布韦、瑞士、新加坡、澳大利亚、印度、哥伦比亚、希腊、香港地区、爱尔兰
流动与非流动法	新西兰、南非、伊朗、巴基斯坦、赞比亚、马拉维、萨尔瓦多
货币与非货币法	瑞典、菲律宾、尼加拉瓜、洪都拉斯、巴哈马、哥斯达黎加、芬兰、危地马拉、韩国、新西兰
时态法	美国、巴拿马、阿根廷、加拿大、奥地利、英国、秘鲁、委内瑞拉、玻利维亚、厄瓜多尔、牙买加、百慕大、多米尼加共和国

从上表中可以看出，目前大多数经济发达国家均采用现行汇率法。

根据普赖斯、华特豪斯 1979 年调查的 64 个国家，折算损益处理的调查情况如表 5－15 所示。

表 5－15　　各国折算损益处理比较

折算损益处理	采用的国家和地区
要求直接计入收益表	加拿大、美国等 8 国
将直接计入收益表作为主要会计实务	共有 32 个国家
递延处理或其他方法	主要有日本、联邦德国、丹麦、意大利、新西兰、挪威、葡萄牙、西班牙、瑞典等 24 个国家

根据上表所示，共计有 40 个国家（地区）采用计入本期收益表的账务处理方法，即立即确认外币折算损失，这表明大多数国家遵循稳健性原则。日本和德国采取将折算损失直接计入损益表的方法。在日本，折算收益不允许计入损益表，而德国大部分公司是可以计入损益表的。采用递延处理和作为业主权益变动的国家则为数较少。

二、折算方法选择的国际标准比较

从上述可知，当今世界上关于外币报表折算方法的争论主要在时态法和现行汇率法之间展开，那么在实际操作时，会计人员是如何选择具体的折算方法的呢？美国财务会计准则委员会（FASB）的公认会计准则和IASC的国际会计准则分别提出两条择定标准：

（一）功能货币择定标准

它体现在美国FASB的第52号准则（SFAS52）中。

1. 母公司货币观点应选用时态法

如果某一国外子公司的经营活动不过是母公司经营活动的延伸，就像母公司直接从事这种国外经营活动那样，它的功能货币将是母公司的本国货币。这样的观点可称为母公司货币观点。在这种情况下，母公司首先关注的是要使国外子公司经营活动中的本国货币权益最大化，因而宜采取时态法，汇率变动同经营损益一样会直接对报告企业的所有者权益和来自营业活动的现金流量产生影响，故汇率变动对上述两个方面的影响应包括在本期净利润中，即由此而产生的折算损益应在当期确认，计入该类子公司的经营损益。这种折算程序是先资产负债表后损益表，体现了"资产负债表重心"的观点。

2. 子公司货币观点应选用现行汇率法

在另一类情况下，如果某一国外子公司的经营活动相对来说是自主的，并在国外形成一个整体而独立于母公司的经营活动之外，它的功能货币往往就是当地货币（外币），这样的观点可称为子公司货币观点。在这种情况下，无论汇率如何变动，对报告企业和境外营业的现金流量都不会产生直接影响，只对报告企业的所有者权益（净投资）产生影响，这时宜采用现行汇率法，汇率变动的性质是投入资本的增减变化，而不是损益，由此而产生的折算损益应作为业主权益（股东权益）的调整额来处理。其折算程序是先损益表后资产负债表，体现了"损益表重心"的观点。除非让售这一国外子公司的经营，或是认为这项对子公司的投资价值已经永久性地减少，否则这些折算调整额均不通过收益表。

外币财务报表折算程序如图5-1所示。

（二）国外主体分类择定标准

IASC的第21号国际会计准则《外汇汇率变动影响的会计》（1983年）与FASB的SFAS52见解十分类似，只不过它把功能货币标准换成了国外主体分类标准：（1）独立经营的国外实体应选用现行汇率法。（2）母公司的国外有机组成单位应选用时态法。（3）判断国外主体是国外实体还是母公司的国外有机组成部分的条件。IASC所列举的条件与SFAS52择定功能货币的六项经济因素基本相同。

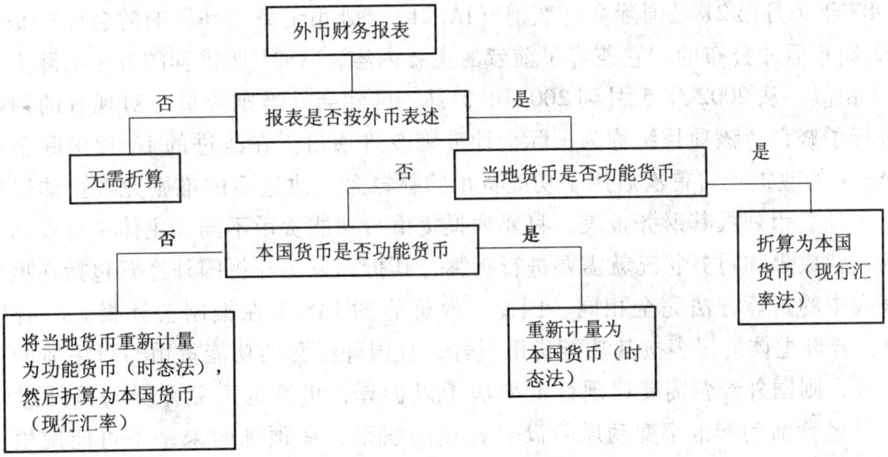

图 5-1　外币财务报表折算程序

三、外币报表折算的国际比较与协调

（一）美国

历史上，美国提倡过多种外币折算方法，其演变过程大致如下：1939 年美国注册会计师协会提倡使用流动与非流动法进行外币折算，所以在 20 世纪 30 至 50 年代美国大公司广泛采用此法。1965 年该协会提倡采用货币与非货币法进行外币折算，因此在 1976 年前美国公司被允许在流动与非流动和货币与非货币法两种方法中任意选用一种适合本公司需要的折算方法。但从实际情况看，大部分公司仍采用流动与非流动法或以上两种方法的混合法。任意选择折算方法在 1976 年受到限制。1975 年 10 月 FASB 发表第 8 号财务会计准则（SFAS8），要求所有的美国公司和外国公司采用时态法，以便外币折算采用统一标准。SFAS8 的公布，引起各方的争论，许多公司认为它歪曲了企业真正的经营成果。FASB 听取并接受了各方面的意见，于 1979 年对 SFAS8 进行重新修订。1981 年 12 月 FASB 公布了第 52 号准则（SFAS52），取代了 SFAS8。SFAS52 的主要特点是引入功能货币这个概念。当国外子公司使用当地货币为其功能货币时，其当地货币财务报表采用现行汇率法进行折算，由此形成的折算损益直接记入股东权益下的单列项目——“折算调整”。当国外经营实体以美元作为功能货币时，子公司的财务报表外币折算采用时态法，折算损益列入当期损益表，作为营业外项目在当期的合并收益中予以报告。FASB 通过改变跨国公司合并报表的性质，解决了期末汇率法与时态法的争论，这一结论性的准则迄今仍是适用的。

（二）国际会计准则委员会

1983 年 7 月第 21 号国际会计准则（IAS21）《外币汇率变动影响的会计》是在美国 SFAS52 颁布后才公布的。它兼容了前者的主要内容，IAS21 所推荐的方法实际上与美国 SFAS52 相似。从 2002 年 5 月到 2004 年 3 月，国际会计准则委员会对现有的国际会计准则进行了修订，该项目统称为国际会计准则改进项目。在改进的 13 项国际会计准则中，IAS21 的改进项目首次启用了功能货币的新概念。改进后的准则允许主体以任何一种或若干种货币列报其财务报表。只要列报货币与功能货币不同，主体本身以功能货币计量的经营成果和财务状况就需要进行折算，其折算方法与将国外经营包括在报告主体财务报表中的折算方法完全相同。因此，改进后的 IAS21 在编制会计报表时有以下变化：(1) 若母主体的报表按其功能货币报告，且国外经营的功能货币与母主体的功能货币不一致，则国外经营需要以现行汇率法予以折算，折算的汇兑差异与国外经营（子公司）的经营活动和汇率变动风险没有直接的联系，在预见的未来不可能发生，因此应将其作为一个单独项目列入母主体的合并资产负债表权益部分，作为折算调整数，而不应作为当期损益处理；(2) 若母主体的报表未按其功能货币报告，且国外经营的功能货币与母主体的功能货币不一致，则国外经营需按现行汇率法将国外经营的功能货币折算为母主体的功能货币，并以折算为母主体的列报货币后的会计报表编制合并会计报表；(3) 若母主体的报表未按其功能货币报告，且国外经营的功能货币与母主体的功能货币相同，则国外经营需按现行汇率法将其折算为母主体的列报货币。由此可见，改进后的 IAS21 只保留了一种外币折算方法，即现行汇率法。

总之，外币报表折算是会计学中最有争议的业务专题之一，而且远没有得出结果。也许正是国际会计准则及英、美颁布的准则所起的作用，使得目前在世界范围内大多采用现行汇率法和时态法，并有进一步扩大的趋势。可以说，以现行汇率法为主，以时态法为辅，已经成为当今外币折算实务的国际惯例。无论从现状，还是从未来发展要求看，外币折算方法的国际协调，仍是一个重大的研究课题。

?思考 练习题

1. 外币财务报表折算的基本目的是什么？不同目的的折算有什么特点？

2. 流动与非流动项目法、货币与非货币项目法折算各有什么特点？两者有什么异同？

3. 什么是时态法？其折算的特点是什么？在理论上它有什么长处？

4. 试述现行汇率法的优缺点。

5. 你对外币报表折算方法的选择有何评价？

6. 什么是功能性货币？确定它的标志是什么？

7. 我国在外币报表折算方面有哪些基本规定？

8. 你对美国在外币财务报表折算时的准则有何评价？

9. 在通货膨胀环境下，怎样折算国外财务报表？

10. 从以下两个方面解释外币折算：（1）重新表述过程；（2）重新计量过程。

11. 解释将折算损益包括在当期收益的基本原理。解释将折算损益递延处理的基本原理。

12. 举例说明为什么现行汇率法与历史成本不一致？

第六章

合并财务报表

本章学习目标

1. 了解合并财务报表的编制目的、特点和基本问题；
2. 掌握合并财务报表国际差异比较的主要方面；
3. 熟悉跨国公司编制合并报表的特殊会计问题；
4. 掌握三个层次的合并财务报表国际协调。

合并财务报表最早出现在19世纪末20世纪初的美国第一次兼并浪潮期间。随着企业规模的迅速扩大和跨国公司的发展，合并财务报表问题逐渐成为国际会计四大难题之一，国际会计理论界和实务界进行了长期的研究与协调。

第一节　企业合并与合并财务报表

企业合并是指企业为了达到某种经营目的，通过兼并、控股等形式控制和操纵其他企业生产经营活动的行为。

一、企业合并的形式

从企业合并的形式看，企业合并一般可分为三种：

（一）吸收合并（Statutory Merger）

也称兼并，是指两家或两家以上的企业合并成为一家企业，其中只有一家企业继续保留法人资格，其他企业的法人资格随着合并而消失，合并后留存的企业对所有被合并企业原来的资产实行直接控制和管理。

（二）创立合并（Statutory Consolidation）

又称联营，是指两个或两个以上的公司联合起来合并组建一个新公司，在这种形式下，新成立的公司本身就是一个独立的经济主体，与原联营各方的资产与负债都没有任何联系。

（三）控制股权（Acquisition of Common Stock）

一家公司通过取得另一家公司的多数有表决权的股份而控制其经营，所形成的公司集团，前者取得控股地位，为母公司或控股公司，后者为子公司或附属公司，多数股权一般要在50%以上，在股权比较分散的情况下，持有另一家公司25%的股份也可以取得控股地位。

在前两种合并方式下，在合并当初需要处理有关企业的会计业务，合并完成之后，实际就是一家公司，所属公司不具备法人地位，而只是一个或若干个分公司，在日常会计处理时作为一家会计公司对待，不涉及合并财务报表问题。而控制股权关系则不同，尽管母公司具有控股地位，但母公司和子公司仍是相互独立的法律主体，各自的会计核算也相互独立，都各自编制自己独立的会计报表。由于母公司已经控制了子公司的经营，实际上母公司和个子公司是一个经济主体，作为一个经济主体就有必要把母子公司的会计报表合并起来，编制一套反映母子公司作为一个经济主体的合并财务报表。对于母公司股东来说，合并财务报表，比母公司自己单独的会计报表更有意义。本章所说的合并财务报表就是针对控制股权这一形式而言的。换言之，在吸收合并或创立合并下，无需进行报表合并。

二、编制合并财务报表的目的

编制合并财务报表的目的有两个：一是综合反映企业集团的经营状况，以便使企业最高管理层、投资者、债权人和证券市场了解企业的综合信息；二是避免企业集团利用对子公司的控制关系，运用内部转移价格等手段，人为操纵企业集团的利润。美国会计程序委员会1959年发布的第51号《会计研究公报——合并财务报表》对编制合并报表的目的曾有过精确的说明："合并报表主要是为母公司的股东和债权人的利益而编制的，它基本上是将集团视为一个拥有一个或多个分支机构或分部的单一公司来反映该集团母公司及其子公司的经营成果和财务状况的。一个基本的理由是，合并报表比单独报表更有意义，当集团中的一个公司直接或间接拥有其他公司的控制性财务股权时，为了公正反映通常需要合并报表。"

三、合并财务报表的特点

合并财务报表特点主要体现在与个别报表的区别上：（1）合并财务报表反映的是

会计意义上的利益主体，而不是法律主体；个别报表一般反映的是单个法人的财务状况和经营成果。(2) 合并财务报表由企业集团中对其他企业有控制权的母公司编制，个别报表由独立的法人企业编制，只反映本企业与其他企业、单位和个人的交易及其结果。(3) 合并财务报表以个别财务报表为基础编制，编制的原料不直接来自于账簿，而个别报表是以账簿为基础编制的。(4) 合并财务报表有其独特的（如调整、抵消）编表方法。

四、合并财务报表的基本问题

由于在合并财务报表时，将母子公司视为同一个经济主体（一家企业），那么就必须消除母子公司间的业务。所以，合并财务报表必须解决下面四个问题：

(一) 公司间业务所产生的收入

合并利润表所反映的收入应当是向经济主体以外的公司或个人出售商品或提供劳务所取得的收入，母公司向子公司出售商品或提供劳务或者子公司向母公司出售商品或提供劳务所取得的收入只是一个经济主体内的交易，不应当作为经济主体的收入对外报告。所以，在编制合并财务报表时，应当对公司间业务所形成的收入进行分析，抵销公司间的销售收入，而不是将母公司和所属子公司的销售收入简单相加。

(二) 公司间业务所发生的费用

合并利润表所反映的费用应当是经济主体为取得收入而发生的各种费用，经济主体内，各公司间所发生的费用不能作为经济主体的费用对外报告。比如，A、B 两公司为同一经济主体内的公司，A 公司向 B 公司出售商品，A 公司可以计入销售成本，但对于整个企业集团而言，这些商品仍旧是存货，只是变换了存放的地点。所以，在编制合并财务报表时，应对公司间业务所形成的费用进行分析，抵销公司间的销售成本，而不是简单相加。

(三) 公司间的往来款

所谓往来款是指应收、应付款。合并资产负债表所反映的应收、应付款，应当是整个企业集团对外的应收、应付款，公司间的应收、应付款只是企业集团内部的往来款，并不形成经济主体的资产和负债。比如，母公司向子公司销售商品 1 000 万，货款未收回，这样母公司账上就有 1 000 万元的应收账款，子公司账上有 1 000 万元的应付账款，合并财务报表时，母子公司是一个经济主体，母公司 1 000 万元的应收账款和子公司的 1 000 万元应付账款都不应当存在，在合并母子公司的应收账款和应付账款时，先要将这两项抵销掉。如果公司间存在借贷业务，也应当抵销。

(四) 公司间的投资

合并资产负债表中的长期投资是指经济主体对外的投资，经济主体内部各公司之间的投资并不成为企业集团的对外投资。比如，母公司向子公司投资100万元，当合并财务报表时，这100万元既不是母公司的长期投资，也不是子公司的资本，两者应当抵销。

第二节　合并财务报表的国际差异比较

就世界范围来看，各国在合并报表会计处理的诸多方面尚未形成一致的国际惯例，使得合并报表会计成为当今世界各国会计实务的主要差异所在。因此研究和分析合并报表的国际差异，对提高各国财务会计的可比性，深化中国有关合并报表会计准则的制定意义重大。合并报表的国际差异主要表现在：

一、合并报表披露范围的差异

据L. S. 阿潘和L. H. 拉德波夫在《国际会计与跨国公司》一书中引用普华会计公司于1979年发表的《会计原则和报告惯例的国际调查》中的资料，对以下各国和地区内的大多数公司提供集团报表的情况进行调查的结果见表6－1。

表6－1　提供集团报表的公司遵循的惯例

只提供母公司报表	同时提供母公司报表和合并报表		只提供合并报表
西班牙	英国	澳大利亚	美国
巴西	德国	新西兰	加拿大
哥斯达黎加	法国	墨西哥	巴拿马
萨尔瓦多	爱尔兰	委内瑞拉	巴哈马
危地马拉	丹麦	特立尼达	百慕大
洪都拉斯	荷兰	牙买加	菲律宾
尼加拉瓜	挪威	多米尼加共和国	
泽西岛	瑞典	马拉维	
象牙海岸	日本	博茨瓦纳	
塞内加尔	香港	肯尼亚	
	新加坡	尼日利亚	
	韩国	赞比亚	
	马来西亚	津巴布韦	
	斐济	南非	

根据上表可看出，传统上跨国公司所公布的合并报表所披露的范围有以下四种方式：(1) 仅公布总公司的财务报表，即使编制合并报表也不公布；(2) 仅公布包括子公司经营情况在内的合并报表；(3) 既公布总公司财务报表，也公布公司集团合并报表；(4) 多重披露。一些跨国公司，比如荷兰的联合利华和皇家荷兰/壳牌可以遵照多个所在国的法律和惯例来选择有差异的方式披露信息。

二、各国采用的合并理论的差异

有关合并理论，国际上存在三种不同的观点：

(一) 母公司理论

母公司理论是将合并会计报表视为母公司会计报表的扩展和延伸，站在母公司立场来编制合并会计报表，其基本编报目的就是为母公司股东的利益服务。它认为合并报表是母公司报表的延伸，主要反映母公司或控股公司的股东在合并的财务状况和经营成果中所占的份额，并不注意少数股东的权益。半个多世纪以来，世界各国流行的合并报表惯例主要是以母公司理论为依据。国际会计准则委员会、美国、英国、荷兰等都曾运用母公司理论编制合并会计报表。

(二) 主体理论

该理论认为母子公司从经济实质上说是单一个体，合并财务报表应从整个企业集团的角度出发并为全体股东（包括控股股东和少数股东）的利益服务。因此，合并净收益应属于企业集团全部股东的收益，要在多数股权和少数股权之间加以分配。传统上，德国和日本的法律与惯例在合并会计报表的编制中主要采用主体理论。FASB 在 1995 年发布了《合并报表：政策与程序》建议准则的征求意见稿，1999 年又发布了《合并报表：目标和政策》的修订征求意见稿，都对合并政策作了突破现行准则要求拥有多数股权和具有法定控制权的规定，扩展到具有实质性控制权。随着国际会计准则 IAS22《合并报表》的再次修订（1998）和 IAS27《合并财务报表和单独财务报表》（2003）的改进，母公司理论有被主体理论取代的趋势。

(三) 所有者理论

它认为母子公司之间的关系是拥有与被拥有的关系，编制合并会计报表强调的是合并母公司所实际拥有的，而不是母公司所实际控制的资源。该理论一般与其他合并理论结合采用。法国的法律和惯例是同时以母公司理论和所有者理论为基础的。在英、美国家中所有者理论也作为标准惯例结合使用。

三、各国合并方法的差异

对合并报表有关基本理论的认识，最终体现为合并报表的方法。各国对合并报表方法的选择存在着相当大的差异：

（一）企业合并日合并报表的编制方法

对企业合并日合并报表的编制，实务中主要有购买法和权益集合法。购买法广泛应用于世界各国，已为美、英、日、法、德、加、瑞典、荷兰、瑞士等大多数国家采用，成为国际流行的会计惯例。美国、英国、日本、加拿大和国际会计准则要求在规定的条件下采用权益集合法，但由于它们对使用权益集合法有严格的限制条件，使得权益集合法在这些国家难以流行。美国于1999年取消了权益集合法。FASB 于 2001 年 6 月发布财务会计准则公告第141号（SFAS No. 141）《企业合并》，取代会计原则委员会第16号意见书（APB Opinion No. 16）《企业合并》和财务会计准则公告第38号（SFAS No. 38）《被收购企业收购前或有事项会计》。该准则要求所有的企业合并均应按照购买法核算。

（二）期末合并报表的编制方法

期末合并报表的编制就技术方法角度考虑，可以区分为完全合并法与比例合并法。完全合并法的理论依据是母公司理论，流行于美国等国，是国际流行的会计惯例，主要适用于存在母子关系的母公司与子公司的会计报表的合并。比例合并法的理论依据是主体理论，起源于法国，主要适用于合营企业。从当前各国的会计惯例和实践看，比例合并法多见于欧洲大陆，欧盟第7号指令也允许合营企业采用，但其“生存空间”十分有限，运用范围也仅被局限于合营者对合营企业（共同控制实体）的报表合并。

四、各国采用合并报表和制定相关准则的时间差异

合并报表始于美国，最早的合并报表是于1886年由美国科尔顿石油托拉斯公司编制的，但并不完善。美国最早关于合并报表的准则是会计程序委员会（CAP）在1959年发布的第51号会计研究公报（ARB51）《合并报表》，第一个比较全面和完整的关于企业合并的会计准则是会计原则委员会（APB）在1970年发布的APB第16号意见书《企业合并》。在英国直至1947年，合并报表才由法律最终予以规定。1974年会计准则委员会（ASC）发布了第1号标准会计实务公告（SSAP1）《联营公司会计》。欧洲大陆的合并报表发展更为迟缓，荷兰最早编制合并报表的例子是1926年海牙的米勒公司，至今其合并报表的要求也不是强制性的。而日本一直到1977年才制定要求编制合并报表的会计准则。

五、合并范围的差异

美国规定合并的依据是控制股权，一公司控制其他公司时必须编制合并报表，业务类型不同的公司之间可以合并。1994年颁布的国际会计准则第27号《合并报表和附属公司投资的会计》规定，原则上讲，凡是取得了其他公司的控股权就应当把这些公司

作为子公司合并进来。控制并应纳入合并范围的具体原则是：（1）母公司拥有多数（通常超过50%）有表决权的权益性资本的被投资企业。（2）母公司虽不拥有其多数股权，但可通过其他方式对其进行控制的被投资企业。国际会计准则委员会（IASC）也规定了不应纳入合并范围的两种情况：一是购入和拥有子公司只是为了随后在近期内出售，这样的控制是暂时的；二是子公司在严格的长期性限制条件下经营，大大削弱了其向母公司转移资金的能力。从1990年起，法国企业只要满足以下三个条件中的两个，就应编制合并报表：（1）雇员超过500人；（2）营业额达到2亿法郎；（3）资产额达到1亿法郎。合并报表参照国际会计准则原则编制。尽管各国合并范围存在着很大的差别，但将"控制"作为合并会计报表的编制基础则得到了普遍认同，是流行的国际惯例。

六、少数股东权益的列示与计价差异

依据不同的合并理论编制合并财务报表时，对于少数股东权益的列示与计价存在较大的差异。根据国际著名会计公司普莱斯·沃特豪斯（Price Waterhouse）1990年的调查报告，我们可将世界各国有关少数股东权益在合并报表中的列示与计价惯例作一比较，如表6-2所示。

表6-2　少数股东权益的列示与计价比较

国别	少数股东权益的列示		少数股东权益的计价
	资产负债表	收益表	
美国	列示于负债和股东权益之间	单独列示	按子公司的历史成本计价
英国	列示于股东权益之前或之后	单独列示	按母公司的重估价格计价
法国	列示于负债和股东权益之间	单独列示	按母公司的重估价格计价
德国	作为股东权益的一个单独项目列示	不列示	按母公司的重估价格计价
日本	作为增加的会计项目 列示于负债的最后一栏	单独列示	按子公司的历史成本 列示于增加的会计项目中
意大利	作为非流动负债列示	单独列示	按子公司的历史成本计价
荷兰	列示于股东权益之外	单独列示	按子公司的历史成本计价
加拿大	列示于股东权益之外	单独列示	按子公司的历史成本计价
澳大利亚	作为股东权益的组成部分列示	单独列示	按子公司的历史成本计价
IASC	列示于负债和股东权益之间	单独列示	按母公司的重估价格计价；作为替代的，可选用子公司的历史成本计价

从上表可以看出，多数国家（美国、法国、IASC）倾向于把少数股东权益在资产负债表中作为一个单独项目列示于负债和股东权益之间。在收益表中，除德国以外，其他国家和IASC都要求把少数股东本期应享损益当做合并收益的一个扣减项目单独列示。对于少数股东权益的计价，主要有两种做法：美国、日本、意大利、荷兰、加拿大、澳大利亚等国要求按子公司的历史成本计价；而英国、法国、德国等国要求按母公司的重估价格计价。IASC倾向于按母公司的重估价格计价，但允许选用子公司的历史成本作为替代的计价方法。

总之，由于合并报表实务涉及会计领域的方方面面，可供选择的方法多种多样，合并报表实务在各国之间呈现出较大差异性，合并报表的协调成为国际会计协调的内容之一。

第三节 跨国公司编制合并报表的特殊会计问题

当处于全球环境中的跨国公司合并国外子公司报表时，除了应对集团内部复杂的交易事项进行调整、抵消等会计处理外，还面临不少棘手问题，主要是：

一、合并报表与外币报表折算方法选择程序中的矛盾

根据国外子公司经营活动的不同环境条件，运用功能货币的概念，来分别采用时态法和现行汇率法，看来已经解决了折算方法选择中的难题。然而，国外子公司的外币报告折算的目的，是为了母公司以统一的报告货币编制跨国公司集团的合并财务报表，兼用时态法和现行汇率法是否切合编制合并报表的要求呢？

我们知道，合并报表编制方法的概念依据也基本上有两种：（1）基于母公司观点的业主权理论——在合并资产负债表中的业主（股东）权益，反映的是母公司的股东在整个公司集团中的权益。（2）基于集团整体观点的主体理论——合并资产负债表中的股东权益，既包括母公司的股东权益，也包括集团内各子公司拥有的少数股权的股东权益。当今，在世界范围内流行的合并报表编制方法是以母公司业主权理论为依据的。在外币报表折算中持母公司货币观点的时态法，与以母公司业主权理论为依据的合并报表编制方法是相互协调的；而持子公司货币观点的现行汇率法，则是与以集团主体理论为依据的合并报表编制方法相配合的。这样，根据编制合并报表的要求，在对子公司报表的折算中可兼用时态法和现行汇率法，就存在三大矛盾：

（一）矛盾之一

既然当今在国际范围内流行的合并报表编制方法是以母公司业主权理论为依据的，在外币报表的折算中，也就只有持母公司货币观点的时态法才与之相协调，偏爱时态法的人正是以这一论断来贬低现行汇率法的。但是，就国外子公司的经营性质而言，作为母公司经营活动扩展的公司为少数，多数的国外子公司则是相对独立自主经营的国外主体，偏爱现行汇率法的人又以此为理由，把时态法贬低为只适用特定情况的方法。这一矛盾如何解决？

（二）矛盾之二

在兼用时态法和现行汇率法的情况下，同一母公司所属的子公司，如果他们是母公司经营活动的有机组成部分，其报表按时态法折算；如果他们是相对独立自主经营的国外主体，其报表按现行汇率法折算。最后，又把折算后的所有子公司报表与母公司报表合并为单一的合并报表，以至合并报表所表述的，既不是母公司货币观点，也不是子公司货币观点，而是把两种不同的货币观点拼合在一起，也可以说“什么都不是”。对此，又将如何解释和处理呢？

（三）矛盾之三

根据编制合并报表的要求，如国外子公司报表遵循的会计原则不同于母公司本国的会计原则时，应进行调整，使之符合于本国的会计原则。这在应用时态法时有同样的要求，而在应用现行汇率法时，折算后的子公司报表仍将保持原先表述的财务成果和比例关系，因而不宜调整为遵循母公司本国的会计原则。如何在实务中协调好这一问题同样值得思考。

二、合并报表与物价变动会计的矛盾

（一）矛盾之一

各国的物价变动程度各不相同，若不消除物价变动的影响，那么，合并报表必将不能体现物价变动的综合影响。在解决这一特殊会计问题时，由于人们看待问题的角度和所持的观点不同，解决问题的方法和程序也各有不同。从国外子公司角度看，为了保持子公司报表中原先表述的各项财务指标关系，就应先将子公司报表项目按其所在国的物价变动水平进行调整和重新表述，然后再将国外货币金额折算为母公司所在国货币金额，以便进行报表合并，即所谓“重新表述——折算”程序。从母公司角度看，为了全面反映公司整体的经营成果和财务状况，则应先进行外币折算，然后再按母公司本国的物价变动水平进行调整，按本国货币金额进行表述，即所谓“折算——重新表述”程序。两种程序的争论，持续已久，至今尚未完结。

赞同“重新表述——折算”程序的认为，要反映子公司所在国货币购买力的变动，应先重新表述外币账户余额，而后折算为母公司本国货币等值的调整金额。只有这样，才能使报表的使用者既能按当地货币评价以历史成本为基础的经营成果，又能评价各国通货膨胀对这些子公司经营成果的各种影响，同时，也能使母公司管理当局更好地判断和评价各子公司在保持资本能力的前提下所达到的经营成果和工作绩效。但持批评意见者则认为，采用先重新表述后折算的方法，势必导致母公司合并财务报表反映的一般购买力具有多重标准，使合并报表中的统一货币金额反映了不同国家的货币购买力。这对于母公司所在国的报表使用者来说，显然是不合适的。而且若对基本财务报表坚持历史成本计价结构，则在折算前调整通货膨胀的影响也是不合适的。英国第20号标准会计实务公告之所以要求先消除当地通货膨胀影响后折算，正是因为英国的标准会计惯例允许基本财务的报表采用现行成本计价结构。另外，汇率本身的变动也包含通货膨胀的因素在内。如此复杂的问题，看来在历史成本计量模式下是颇难解决的。

赞同"折算——重新表述"程序的认为，从母公司观点出发，先把所有国外子公司经营活动和成果折算为母公司的本国货币，然后再作一次有关通货膨胀的重新表述，避免了按每个子公司所在国货币重新表述子公司报表的工作。换言之，就是用单一的计量标准来编制合并报表。这样，不仅可以避免"重新表述——折算"程序中重新计算通货膨胀影响的缺点，而且还节省了许多编表的工作。更重要的是，这种程序不仅说明了外汇汇率变动对各子公司财务报表的影响，而且还揭示了本国通货膨胀对母公司股东可望得到的报酬的影响。对这种程序提出批评意见者认为，"折算——重新表述"程序抹杀了各国不同程度的通货膨胀对各子公司经营成果的影响。

在国际通货膨胀环境中对跨国公司会计报表的合并，到底是采用"重新表述——折算"程序，还是采用"折算——重新表述"程序，无疑会对报表合并的结果产生重大的影响。如何解决这一争议也是值得进一步探索的问题。

（二）*矛盾之二*

当公司集团跨国经营时，在编制合并报表中要对国外子公司进行折算，这样，所用的汇率及其变动对合并报表会产生一定的影响。而汇率变动是受购买力水平、利率、不同国家的经济、政治和文化等因素影响的。因此，把反映不同国家经济特征与实力的货币浓缩至单一的合并报表中是否有经济意义是值得怀疑的。

实际上，在历史成本会计模式下，难以消除物价变动对合并报表的影响。正因为如此，一些国家，如德国、意大利等，流行不对国外主体的财务报表进行合并，另一些国家，如荷兰，流行分情况与层次编制几套合并财务报表，其分类的标准主要有：折算外币财务报表的方法、物价变动的相似程度等。这样对合并报表进行适当"分解"或许是有益的，但仍无法解决上述矛盾。为彻底解决这两大矛盾，许多会计学家都作了不懈的努力。美国国际会计学家 F. D. S 乔伊和 G. G. 米勒在这方面提出了他们的精辟见解。

他们认为，只有以现行成本计量模式取代历史成本计量模式，才能使矛盾得以根本的解决。

三、经营环境的复杂性与合并报表理论的不成熟性

（一）经营环境的复杂性

1. 集团公司往往从事跨地区、跨国界的经营活动，在这种情况下，控股公司和联属公司在不同地区投入的技术、资金、劳动力以及它们的获利能力、资金分布、投资风险、发展前景等均可能存在很大差别，合并报表提供的综合信息显得过于笼统，凭此难以看出上述差别的影响。

2. 编制合并报表是以母公司对子公司拥有明显的控制权为基础，但拥有这种控制权并不意味着母公司能随时运用子公司的资产。如当子公司所在国家实行严格的外汇管制时，母公司就无法要求子公司将所赚取的收入全部汇回本国。可见，合并报表上所反映的母公司所控制的总资源并不等于母公司能随时使用的资源。

3. 由于跨国公司合并报表的使用者多且广，如何通过会计计量和报告实务使信息满足不同使用者的需要是摆在编表者面前的一个难题。例如，从政府和行业工会的角度出发，以国别为基础编制的分部合并报表可能更有用；而从投资者角度出发，包含全部国内外子公司的世界性合并报表可能更为有用。

4. 在世界环境中经营的跨国公司，具有多样化的地理分布，遭遇不同的通货膨胀率、外汇汇率，承受着程度不一的政治风险，不顾客观差异而一味全盘合并的做法是否确有意义同样也值得我们好好思考。

（二）合并报表理论的不成熟性

时至今日国外子公司报表的折算和合并已经形成了系统的程序，这是不容否认的，这些系统程序的设计和改进是会计人员在相当长时期内努力和智慧的结晶。但国际企业的合并报表与外币折算、物价变动会计联系在一起，变得异常复杂。外币报表折算方法、通货膨胀与合并报表间存在着难以协调的矛盾，突出了合并理论的不成熟性。合并理论的不成熟性制约着合并报表的使用。正如美国会计学家 H. P. 希尔（Hill）在《合理期望与会计原则》（Rational Expectation and Accounting Principles）一文中指出的："从合理性的观点来衡量，每一跨国公司合并其世界范围内的报表的整个程序都会受到批评。在折算和合并程序中引进了那么多的假设，以至有时其结果更多的是对会计人员的智谋的赞扬，而不是对管理当局的经营成就的计量。"在分析和评价合并报表显示的集团经营成果和财务状况时，记住这段颇有见地的话，无疑是有益的。

面对跨国公司编制合并报表的特殊会计问题，各国采取的主要补救措施包括：（1）严格限定合并报表的编报范围；（2）按照不同情况和层次的合并集团编制几份合

并报表；（3）要统一会计期间和会计政策；（4）尽量增加合并报表的补充资料，如编制分部报告、关联方交易的披露等。

第四节　合并财务报表的国际协调——合并报表会计国际化的实践

就世界范围来看，各国在合并报表披露方式、对集团概念界定、合并方法、合并范围、合并商誉会计处理等诸多方面尚未形成一致的国际惯例，使得合并报表的会计处理成为当今世界各国会计实务的主要差异所在。从国际的角度看，合并报表经历过三个层次的协调。

一、单个国家的自主协调行动

第一层次发生在20世纪60至70年代。当时，主要资本主义国家的经济国际化进展很快，德国和日本已从资本输入国变成资本输出国，涌现出许多跨国公司。但由于缺乏本国法令和会计准则，他们编制的合并报表往往各行其是，有名无实，很不规范。为了结束这种混乱局面，德国于1965年，日本于1976年先后颁布了合并报表的有关法律和标准，促使本国公司的合并报表统一起来。这是单个国家采取的自主协调行动，属于低层次协调。广大发展中国家合并报表实务方面相对落后，一般没有这方面的规定，需要合并报表的一些集团往往按一些发达国家的做法编制。

二、欧盟的区域协调

第二层次是欧盟在1983年颁布的关于合并报表的第7号指令，它从事的是一项更艰巨的任务，它要制定一套具有法律效力的准则，并结合到欧盟各国的法令之中，使这些准则能够为英国、德国、法国、荷兰和意大利等惯例极不相同的国家所接受。这属于中等层次的地区性协调，这种协调本质上不是统一，而是求同存异，折中调和。它既采纳了英国惯例，也保留了德、法的一些做法，是美英模式与德法惯例的有机融合。

在第7号指令出台前，许多欧盟国家（如希腊、卢森堡、意大利、葡萄牙等）几乎没有或根本不要求企业编制或监督其编制合并报表；相反地，另外一些国家（如英国）则设计了复杂的合并报表指南。在有合并要求的国家，实务也相差很大。1983年欧盟的第7号指令的实施，无疑是合并会计史上一个引人注目的事件，与其他组织颁布的条款相比，指令规定的要求具有法定强制力，促使欧盟成员国合并报表实务实现一定程度的统一和提高，这是地区一级最有成效的国际协调。欧盟第7号指令概览如表6－3所示。

表6－3　欧盟第7号指令概览

条款类别	具体内容
条款1－4	要求集团编制合并报表，不论公司注册地点何在
条款5	特定财务控股公司免编合并报表
条款6	免除中小型企业（不包括上市公司）编制合并报表的要求
条款7－11	若企业本身是一家欧盟公司的全资子公司，可免予合并它自己的子公司
条款12	当不同企业由同样的人员管理时，要求合并
条款13－15	根据重要性原则，允许一些子公司免予合并
条款16	要求合并报表清楚明了，真实公允
条款17	要求在适当修正的前提下使用第4号指令的报表格式
条款18	要求100%合并
条款19	要求基于第一次合并日或购买日的公允价值，一次性计算商誉
条款20	采用权益集合法的条件
条款21－23	少数股权的列示
条款24－28	集团组成结构变化时，要求披露相关信息以便有效地进行比较
条款29	合并的计价规则
条款30、31	正商誉和负商誉的处理
条款32	允许合资企业采用比例合并法
条款33	联营企业的比例计量、记录
条款34－36	规定与集团有关的披露数量以及合并的方法
条款37、38	合并报表的公布与审计
条款39－51	处理过渡阶段出现的问题及有关规定

第7号指令的公布要求十分严格，它的贯彻实施使欧盟传统的欧洲大陆会计模式和英美会计模式在合并概念及方法方面更为贴近，两者趋于协调。为了适应欧洲大陆的会计实务，指令中包含了不少折中的做法，有许多选择性的条款。这些选择包括：(1) 即使不存在法律上的控制，若存在经济上的控制，也可以要求合并（德国）。

（2）合并可以只限于母公司是一家有限公司的集团（英国、爱尔兰）。（3）如果符合某些条件，财务控股公司可免于合并（卢森堡）。（4）小型集团可免于合并，除非集团中有一家公司已在证券交易所上市（法国）。（5）权益集合法合并在某些条件下允许采用（英国、爱尔兰）。

根据欧洲会计专家联盟所作的一次调查表明，第7号指令可供选择的内容有51项之多。如果假设它们都为是/否型选择，那么就意味着有2^{51}种实施第7号指令的方式，可见合并财务报表实务的多样性和复杂性。鉴于合并报表协调的巨大障碍，1995年11月，欧洲委员会对会计协调采取了新会计战略（New Accounting Strategy）。欧盟认为与其修改现存的指令，倒不如将欧盟与国际会计准则委员会（IASC）和证券委员会国际组织（IOSCO）共同合作，制定一套公认的国际会计准则来推进目前的欧洲会计协调。在欧洲上市的外国企业可以按国际会计准则提供财务报告，在国际证券市场上市的欧洲公司可以采用国际会计准则。

三、国际会计准则委员会的协调

国际会计准则委员会（IASC）在协调合并财务报表实务方面的努力是通过颁布国际会计准则来进行的，它致力于制定一套各国都能接受的合并财务报表准则，首先鼓励合并报表在实务尚不发达的国家中发展，再设立一套为美国及英国的会计师所认可的惯例，它属于高层次的国际协调。目前与合并财务报表问题有关的国际会计准则有第22号、第27号、第28号和第31号。

（一）第22号国际会计准则

1983年11月正式批准IAS22《企业合并》。该准则主要是确立了企业合并的有关会计问题，包括企业合并及其分类（购买和权益联合）、购买法以及权益联合法及其使用过程中的问题。由于1989年以前的IAS主要是寻求大国支持，所以准则包括了各大国允许的企业合并会计处理方法，列举了多种可供选择的方案，但没有“基准处理方法”。1993年12月正式批准修订后的IAS22，这次修订主要是为了增强财务报表的可比性。在IAS22（1993）中对于购买成本的分配和购买产生的负商誉分别给出了“基准处理方法”和“允许选用的处理方法”。1995年，IASC与IOSCO达成协议，要求IASC完成一套核心准则，对IAS22（1993年修订）又进行了修订，1998年12月正式批准修订后的IAS22，并于1999年7月1日开始实施。该准则主要是根据上述三个新准则对商誉问题进行明确，进一步完善了购买法。国际会计准则理事会（IASB）于2004年批准第3号国际财务报告准则（IFRS3）《企业合并》。IFRS3取代了IAS22（1998年修订），要求所有的企业合并均需采用购买法核算，禁止采用权益集合法。

（二）第 27 号国际会计准则

IAS27《合并财务报表和对子公司投资会计》规定了集团合并财务报表的编制、合并报表的范围、合并编制程序、对附属公司投资的会计处理、应公布的资料和列报的规则。IASB 于 2003 年 12 月发布 IAS 的改进项目，其中改进后的 IAS 27《合并财务报表和单独财务报表》规定，母公司只有在符合以下 4 项条件时，方可豁免编制合并报表：(1) 该母公司本身是由另一个主体完全拥有的子公司或是由另一主体部分拥有的子公司，该母公司的母公司以外的所有者（包括没有表决权的所有者），均被通知且不反对该母公司不编制合并财务报表；(2) 该母公司的债务性工具或权益性工具未在公开市场（包括国内外的股票交易所或柜台交易市场，以及地方性或区域性的市场）中进行交易；(3) 该公司没有为了在公开市场发行任何种类证券的目的，而将其财务报表在证券委员会或其他监督部门备案或处于备案过程中；(4) 该母公司的最终母公司或中间母公司按照国际财务报告准则编制对外公开的合并财务报表。改进后的 IAS 27 要求少数股权应在合并财务报表中作为所有者权益项目单独列示。

国际合并报表经过上述协调后，形成现在的美英模式与欧洲大陆模式相互并存与相互渗透的状况。国际合并报表的三个层次协调中，低层次的自主协调与中层次的地区性协调是富有成效的。因为这两个层次都能充分考虑会计的国家化与国际化这双重属性，兼顾了本国、本地区的特殊情况和国际通行的成熟惯例，具有现时可行性。而且这两个层次的协调都有实际约束权力，可以顺利实施。高层次的国际协调虽然没有执行约束力，但随着国际会计协调化进程的发展，通过国际会计准则的影响，其原则和要求渗透到越来越多的国家，在合并报表实务的国际协调中发挥着越来越大的作用。尽管 IASB 的工作已取得了一些实际效果，但如何跨越各国会计惯例的巨大差异而制定出一套世界各国都可接受、严格而权威的合并报表会计准则仍然任重而道远。

思考练习题

1. 简述企业的合并形式。
2. 说明企业编制合并财务报表的目的。
3. 讨论跨国公司编制合并报表的原因。
4. 为什么说商誉的会计处理是一个存在着争议的问题？
5. 列举合并财务报表国际差异比较的四个主要方面。
6. 简述跨国公司编制合并报表的特殊会计问题。
7. 以 IASC 和欧盟国际协调化努力为例，说明其对合并报表实践带来的影响。
8. 第 7 号指令对合并会计在德国和英国之间起到了多大程度的协调作用？

9. 在国际基础上比较以下项目，并说明在不同国家中的不同处理方法：（1）合并方法；（2）合并范围；（3）合并理论。

10. 有人认为在我国合并方法应该提倡使用购买法，请指出其中的理由。

第七章

国际通货膨胀会计

本章学习目标

1. 掌握通货膨胀会计的基本模式；
2. 熟悉来自通货膨胀环境报表的折算；
3. 掌握通货膨胀会计的国际比较与协调。

目前通货膨胀会计是现代财务会计理论中最重要的问题之一，也是最具有挑战性的问题，迄今尚未获得满意的解决办法。虽然有多种对付通货膨胀的会计处理方法，本章则只从国际会计的角度讨论各个国家在通货膨胀情况下，处理通货膨胀会计中制定的准则、披露的要求以及采取的一些措施和做法，提供近期国际通货膨胀会计发展的信息以及评论未来可能发生的变化。

第一节　通货膨胀会计的基本模式

通货膨胀会计是在美国逐步形成较为完整的理论体系和方法体系的。1918 年，美国《会计杂志》第一次发表了反映物价变动的文章，题目是：在账上应否反映美元价值的变动？目前通货膨胀会计的基本模式主要有四种。

一、历史成本/名义货币会计模式

这是现行会计模式，以名义货币为计量单位，历史成本为计量属性。该会计模式既不考虑货币价值的变动，也不考虑被计量生产要素的价格变动，因而不能反映物价变动的信息。

【例7－1】 M公司在2012年1月2日开业，发行普通股取得现金$3 000，当即购入100件存货，每件成本为$30。到2012年底一次售出60件，获得现金$3 600。到2013年底又售出40件，获得现金$2 400。各年物价变动情况如表7－1所示。

表7－1 各年物价变动情况

日期	一般物价指数	存货现行重置成本
2012.1.2	100	30
2012.12.31	110	45
2013.12.31	121	45

根据上述资料，M公司在2012年末的财务报表如表7－2、表7－3所示。

表7－2 M公司利润表

销售收入	$3 600
销售成本	1 800
利润	$1 800

表7－3 M公司资产负债表

现金	$3 600	普通股	$3 000
存货	1 200	留存收益	1 800
合计	$4 800	合计	$4 800

在2012年，社会一般物价指数上升了10%，M公司存货的重置成本也上升了50%，按历史成本基础编制的财务报表忽视了这些物价变动因素，不能反映真实的利润与财务状况。为此，M公司可以按通货膨胀会计模式重编财务报表。

二、历史成本/不变货币会计模式

该模式又叫一般物价水平会计模式（General Price Level Accounting Model）、一般购买力会计（General Purchasing Power Accounting）或不变购买力会计（Constant Dollar Accounting），它仍然采用历史成本作为计量属性，而计量单位改用购买力相等的货币单位，目的在于消除一般物价水平变动对会计的影响，企业同时编制两套报表，一套以历史成本/名义货币为基础，一套以历史成本/不变货币为基础（它只是一种补充的报告形式）。因此，日常会计处理与现行会计模式的处理方法相同，其不同之处在于，按传统方法处理经济业务和编制财务报表以后，还要按一般物价指数调整财务报表项目，用不变货币单位重新编制会计报表，并反映货币性项目的购买力损益。

货币单位的购买力水平是用综合物价指数表示的，不变货币会计对财务报表项目的换算与调整也要按综合物价指数进行计算。计算公式为：

某项目的名义币值金额×现行物价指数/该项目交易发生的物价指数＝该项目的不变币值金额

【例7－2】 例7－1中M公司在2012年底按历史成本编制的财务报表，换算为历史成本/不变货币会计模式如表7－4、表7－5所示。

表7－4　　M公司利润表

销售收入	$3 600
销售成本（1 800×110/100）	1 980
利润	$1 620

表7－5　　M公司资产负债表

现金	$3 600	普通股	$3 300（3 000×110/100）
存货	1 320（1 200×110/100）	留存收益	1 620（由利润表转入）
合计	$4 920	合计	$4 920

由上可知，财务报表中有些项目本身就是按现行物价水平计量与表述的，例如销售收入与现金，它们无须作物价水平换算。而存货与普通股均为非货币项目，它们的历史成本是按2012年初的物价水平计量的，应换算为2012年底的物价水平金额。因此不变货币会计要对报表项目进行分类换算。具体步骤为：（1）划分货币性项目（Monetary Items）与非货币性项目（Non-monetary Items）；（2）将历史成本换算为不变币值金额；（3）计算货币性项目净额的购买力损益（Purchasing Power Gain（Loss））；（4）重编一般物价水平财务报表。

例如，M公司在2013年初持有现金$3 600（为2012年末销售款），到年末仍未动用，在2013年末又出售40件存货获得现金$2 400，此外无其他货币性项目来源和运用。则M公司在2013年货币性项目的购买力损益计算如表7－6所示。

表 7 - 6　　**M 公司货币性项目净额的购买力损益**

	名义货币	换算系数	不变货币
期初货币性项目净额	$3 600	121/110	$3 960
加：货币性项目来源 销售收入	2 400	–	2 400
减：货币性项目运用 （无）	0	–	0
期末货币性项目净额	$6 000		$6 360
一般购买力损失			（360）
	$6 000		$6 000

历史成本/不变货币会计模式在南美一些国家应用比较普遍，但是在这些国家中，许多政府担心它会导致经济的指数化（Indexation），而指数化会使通货膨胀制度化，甚至可能引起习惯性的工资、税收免除和国家债务的通货膨胀调整，形成通货膨胀循环。因此这些国家近年来出现了用现行成本会计模式来取代一般购买力会计模式的趋势。

三、现行价值/名义货币会计模式

这种会计模式是以现行价值为计量属性，以名义货币为计量单位为会计对象进行确认、计量和报告的（现行价值一般又分为以购置为角度的重置成本和以对企业资产估价为角度的现行成本，但在很多情况下人们对此不做区分，统称现行成本），因此又称现行成本会计（Current Cost Accounting），现行价值会计或重置成本会计，其目的是消除与企业有关的特定物价水平的变动对会计的影响。在此模式下，资产和费用都用现行成本表示，以现行成本与现时收入相配比，得出净收益。

【例 7 - 3】 例 7 - 1 中 M 公司在 2012 年末按历史成本编制的财务报表，换算为现行成本的财务报表如表 7 - 7、表 7 - 8 所示。

表 7 - 7　　**M 公司利润表**

销售收入	$3 600
已销商品成本（60 × 45）	2 700
现行成本经营利润	$900
存货持有利得［100 ×（45 - 30）］	1 500
净利润	$2 400

表 7-8 M公司资产负债表

现金	$3 600	普通股	$3 000
存货（40×45）	1 800	留存收益	2 400
合计	$5 400	合计	$5 400

上表中，以历史成本计价的销售成本与期末存货成本应按现行成本计价表述。其主要程序为：（1）划分货币性项目和非货币性项目，对货币性项目不作调整，对非货币性项目按当时的现行成本进行调整；（2）计算非货币性项目的持有利得。（3）重新编制以现行成本为基础的财务报表。货币性资产、负债及非货币性的股东权益通常没有现行成本，不做现行成本调整。各项实物资产的现行成本与历史成本（期初现行成本）的差额，属于资产持有期间产生的一种利得或损失，叫做持产损益（Holding Gains or Losses）。利润表分为两大部分，第一部分反映现行成本计算的收入、成本、费用与损益，属于经营活动，产生持续经营收益（Operating Income）；第二部分反映存货、固定资产等资产取得后，在持有期间因现行成本或重置成本变化所发生的持产损益，属于持产活动。现行成本会计需要处理两个主要问题：（1）确定资产的现行成本；（2）正确计算和反映资产持有损益。

一个会计期间的持产损益可进一步分成两类：已实现持产损益（Realized Holding Gains or Losses）和未实现持产损益。已实现持产损益是指有关的资产已经销售或消耗，其持产损益已经通过现行成本销售收入得到实现。未实现持产损益则是有关的资产在期末仍然持有在手，其现行成本和历史成本的差异，尚未通过经营活动实现。例如，M公司在2012年的存货持产利得合计 $1 500 可分为：已实现持产利得 = 销售 60 件 ×（45 - 30）=900；未实现持产利得 = 存货 40 件 ×（45 - 30）=600。历史成本会计模式下，只有当资产处置时才确认利得和损失。在现行成本会计模式下，则不论资产是否已经处置，已实现持产损益和未实现持产损益都必须确认，但它和企业的经营收益分开列示。

四、现行价值/不变货币会计模式

历史成本/不变货币会计模式和现行价值/名义货币会计模式的着眼点不同，前者调整的是计量单位，后者调整的是计量属性，两者都不能全面反映物价变动的影响。这种会计模式是历史成本/不变货币会计模式与现行价值/名义货币会计模式相结合的产物。前者消除一般物价水平变动对会计的影响，后者消除特定物价水平变动对会计的影响，而这两种物价变动往往是同时存在的。从理论上看，将上述两种会计模式相结合得到现行价值/不变货币会计模式，以稳定币值的货币单位和现行成本分别取代了传统会计模式下的计量单位和计量基础，能够解决物价变动带来的会计问题，更加真实地反映企业的财务状况和经营成果，而且符合资本保全的要求。1979 年 FASB（美国财务会计准则委员会）发布的第 33 号财务会计准则公告则在表外采用了现行价值/不变货币的混合计量模式。但是由于受到成本效益原则的限制，这种模式在世界范围内应用不多。

例如，一项设备的历史成本是 $1 000，现行成本为 $1 500，根据现行成本会计应有 $500 的持产利得。但是，如果持有期间的一般物价水平上升 20%，则该设备按物价水平调整后的历史成本不变币值金额为 $1 200（$1 000 × 120%），资产持有利得应该是 $300（$1 500 - $1 200）。因此现行成本/不变货币会计模式需将财务报表上的项目调整为现行成本（没有现行成本的则调整为不变币值金额），再计算资产持有损益和货币性项目购买力损益。其中，资产持有损益要将一般物价变动的影响分离出去。

【例 7-4】 例 7-1 中 M 公司在 2012 年末按历史成本编制的财务报表，换算为现行成本/不变货币的财务报表如表 7-9、表 7-10 所示。

表 7-9　　M 公司利润表

销售收入	$3 600
已销商品成本（60 × 45）	2 700
现行成本经营利润	$900
存货持有利得，扣除通货膨胀	1 200
净利润	$2 100

表 7-10　　M 公司资产负债表

现金	$3 600	普通股	$3 300（3 000 × 110/100）
存货（40 × 45）	1 800	留存收益	2 100
合计	$5 400	合计	$5 400

上表中，现金与销售收入本身属于现行成本金额，不必换算。存货与销售成本应将历史成本换算为现行成本。普通股是非货币性项目，没有现行成本，应按物价指数换算为不变币值金额。存货的持产利得 = 存货现行成本调整额［100 ×（45 - 30）］ - 物价水平调整（3 000 × 10%）= 1 200。这种模式从数据处理到财务报表的编制都与现行成本会计模式基本相同，所不同的是该模式要在按现行成本为基础编制出财务报表后，还要按稳定币值货币为计量单位进行调整，同时反映货币性项目购买力损益，并通过计算持有损益与购买力损益之间差额，即实际持有损益，编制以稳定币值货币为计量单位的

财务报表。

加拿大会计学者罗斯·M·斯金纳在其出版的《演进中的会计准则》一书中，分别论述了原始成本会计模式、现行成本会计模式以及现行可变现价值会计模式，分析了这几种会计模式各自在应用和理论上存在的问题，但并不倡导纯粹运用某一种单一会计模式，而认为将各种会计模式的某些特征灵活的融为一体也许是会计实务中最为有效的形式。欧盟曾对若干不同财务会计计量方法进行过协调，欧盟第4号指令对财务会计计量不仅允许采用原始成本，也允许采用物价水平调整后的原始成本以及现行成本。只要对计量属性予以明确揭示，在基本的和补充的报表中，允许采用多种计量属性。美国财务会计准则委员会在第5号财务会计概念公告中也提醒人们，不要以为现行会计准则和会计实务只允许原始成本，一种计量属性存在，事实上目前各国会计界所接受的会计计量制度都是一种以原始成本为主、多种计量属性并存的格局，对于应收账款、债务证券、权益证券、存货、厂场设备以及无形资产等各类资产的计量，都运用了多种计量属性。

第二节　通货膨胀会计的国际比较与协调

迄今为止，国际上已有数十个国家根据本国物价变动的特点和情况，在不同程度上试行了通货膨胀会计。尽管各国都意识到某种形式的通货膨胀会计是合乎需要的，但在具体会计模式的选择上却分歧很大。本节拟通过一些重要国家通货膨胀会计的国际比较与分析，归纳和评价这一技术的代表性模式和国际协调现状。

一、通货膨胀会计的国际比较

国际上，通货膨胀会计有四种代表性的会计模式。

（一）一般物价水平会计模式

该模式是以一般物价水平（GPL）为基础，用不变货币作为计量单位来取代名义货币重新表述财务报表的。南美的许多国家，如巴西、阿根廷、智利等国关于物价变动的会计处理属于这种类型。1964年巴西创设了一般物价水平会计的全面体系，作为减少恶性通货膨胀影响的全国性战略。其特点是：（1）按照1976年通过的新公司法，所有公司于1978年1月1日以后应按建议的通货膨胀会计格式编制主要财务报表；（2）货币性调整主要针对期末的永久性资产（土地投资、技术等）和股东权益，所采用的调整指数是政府颁布的国债券指数（ORTN）；（3）经过调整，永久性资产和股东权益所发生的调整差异还要作一次“净货币修正”的再调整。调整后的股东权益大于永久性资产应减少当年利润；反之，调整后的永久性资产大于股东权益则应列为“未实现的利润准备”；（4）按上述指数重新表述的财务报表是正式报表的组成部分，而不是补充报表（在阿根廷、智利，调整的通货膨胀信息作为补充信息）；应税利润也是调整后的利润。

（二）现行价值会计模式

该模式是以资产的现行价值为计量基础，以名义货币为计量单位的会计程序与方法。一般又分为以购置为角度的重置成本会计和以对企业资产估价为角度的现行成本会计。

1. 重置成本会计

其理论和实务都起源于荷兰。20 世纪 40 年代，被称为“重置成本理论之父”的阿姆斯特丹经济学院教授林伯格（Limperg）认为，根据持续经营的观点，企业投入的货物与劳务必须从购买市场再买进（即进行重置），而产出的货物或劳务则是通过销售市场卖出的。为了确定真实的利润，销售价值与购买价值的计量应处于相同的时间基础，即应当用现行销售价值同现行购买价值（重置成本）互相比较。把林伯格的重置成本理论运用于企业会计实务，主要是用重置成本对实体资产如土地、建筑物、机器和存货重新估价并调整利润。

例如荷兰著名的菲利浦公司（Philips Company）自 1951 年起就开始采用重置成本会计，荷兰注册会计师协会也积极支持在荷兰推广重置成本会计。但由于荷兰一直未对通货膨胀会计体系立法，同时又受到经济全球一体化的影响，该协会近年的态度有所改变。而为了增强会计信息的国际可比性，菲利浦也于 1992 年被迫放弃应用了 41 年的重置成本会计。

2. 现行成本会计

试行现行成本会计并使之形成一个系统而全面会计准则的国家是英国。1980 年，英国颁布了最能代表其通货膨胀会计思想的第 16 号标准会计惯例公告《现行成本会计》（SAP16）。这份公告要求：凡所有股票上市的公司和符合下列条件中任何两项的股票未上市的企业，自 1980 年 1 月 1 日起都须公布现行成本会计补充报表：现行成本的收益表、现行成本的资产负债表、现行成本的每股收益（注意大多数国家通货膨胀调整只是以收益表为中心）。这些条件是：（1）营业额达到或超过 500 万英镑的；（2）资产总额达到或超过 250 万英镑的；（3）雇员人数达到或超过 250 人的。SAP16 规定了三种现行成本资料公布的方法，每个企业可以从中任选其一：（1）以现行成本为基本报表，以历史成本报表为补充资料；（2）以历史成本报表为基本报表，以现行成本报表为补充资料；（3）以现行成本报表为唯一报表，附以充分的历史成本补充信息。SAP16 公告发布之后，执行的结果还是比较令人满意的。随着 20 世纪 80 年代英国通货膨胀率的下降，人们对 SAP16 的热情减退。目前 SAP16 已废止，但它提出的现行成本模式还是非常有见地和特色的。

（三）表外补充通货膨胀会计信息模式

该模式不需要改变会计与报告模式，而只在表外补充提供物价变动影响的信息，美国采取的是这种类型。美国财务会计准则委员会（FASB）在 1979 年颁布了第 33 号财务会计准则公告（FAS33）《财务报告和物价变动》，要求达到一定规模的证券上市交易的大公司（拥有存货及厂场设备达 1.25 亿美元以上或资产总额达 10 亿美元以上）同时披露不变美元和现行成本基础上的补充资料，包括 5 年汇兑资料，但不要求企业重编原有的以历史成本为基础的会计报表。鉴于在 20 世纪 80 年代，美国通货膨胀率已明显下降，FASB 于 1986 年发布了用于替代 33 号准则公告的 FAS89《财务报告和物价变动》，鼓励美国的报告主体披露不变美元和现行成本信息。

（四）资产评估模式

该模式以法国为代表。1984 年法国的会计专家与职业会计工作者协会（OECCA）提出了一套自认为是解决通货膨胀会计的切实可行的方法，基本做法为：（1）有形固定资产及其折旧按一般物价指数进行重估价；（2）存货按现行重置成本与可变现净值孰低计价；（3）销货成本按先进先出法与后进先出法分别计算的销货成本之间的差额调整；（4）净货币性资产上的利润或损失采用一般物价指数计算。应当说，法国的重估价与严格意义上的通货膨胀会计并不完全相同。因为无论是哪种通货膨胀会计模式，均需重编或补充财务报表，并不涉及日常的会计核算业务，而法国模式与此恰恰相反。因此法国的资产评估模式可以认为是一种变通办法。

二、通货膨胀会计的国际协调

通货膨胀会计的国际协调，旨在缩小各国通货膨胀会计理论和实务上的现存差异，是实现会计国际化的重要一步。近几十年来，有关国际组织在这方面进行了一系列的努力，颁布了若干国际性准则和区域性准则。

（一）IASC 的要求

由于披露物价变动影响具有全球性质，从而如何促使各国积极发展通货膨胀会计，成为 IASC 始终关注的问题。1977 年 IASC 发布的第 6 号国际会计准则（IAS6）《会计对物价变动的反应》，认为企业应当采用可以在其财务报表中表述特定物价变动、一般物价变动或两者对财务报表的影响的程序；如果没有采用这样的程序，应该加以说明。IASC 在 1981 年公布了 IAS15《反映价格变动影响的会计信息》（它取代了 1977 年发布的 IAS6），该准则建议股票公开交易的大公司应揭示的信息有：（1）对固定资产折旧费的调整金额或已调整的金额；（2）对销货成本的调整额或已调整金额；（3）对财务杠杆作用的调整额；（4）调整后重新计算的企业经营成果。IAS15 认为，反映价格变动的方法可以按一般物价指数调整，也可以用现行成本调整，调整金额一般只作为历史成本报表的补充信息。由于 IAS15 的要求较低，几乎所有的西方国家在遵循本国有关披露通货膨胀影响的会计准则时，都符合该准则的要求。

1990 年 1 月 1 日，IASC 公布了 IAS29《恶性通货膨胀经济中财务报告》，其要点如下：（1）以恶性通货膨胀经济中的货币编报的财务报表，都应当按照资产负债表日当天的货币计量单位编报。以前时期的有关对应数字，也按相同要求进行金额调整。（2）货币资金净额的购买力损益，应当列入当期收益，单项反映。（3）企业的财务状况变动表应按现金或现金等价物基础编制，或编制现金流量表。（4）应当说明物价水平调整的情况。

值得注意的是，2000 年 5 月，证券委员会国际组织（IOSCO）所批准的国际会计准则委员会的 30 个核心会计准则中，没有包括 IAS15，因为其不具有强制性。2004 年 1 月，IASB 在《改进国际会计准则》项目中废止了 IAS15。

（二）欧盟的要求

欧盟于 1978 年发布的第 4 号指令，指出在资产计量方法保持以历史成本原则作为基本的计价方法，同时允许成员国采用通货膨胀会计体系，采用以重置成本、现行成本或市场价值为基础的其他方法对有形的固定资产或存货进行计价：（1）按重置价值对有形资产和存货进行计价；（2）按考虑到通货膨胀因素的其他方法计价；（3）对有形固定资产和融资固定资产进行重估价。在指令中将重置成本列入条款，主要是来自荷兰的压力。历史成本计价与重置成本或现行市价间的任何差额，必须以股东权益部分的“重计价准备”项目单独披露，同时总括的重计价准备必须按照它们应归属的资产主要类别分开。

（三）联合国的要求

联合国国际会计和报告准则专家工作组在 1977 年发表的《跨国公司会计和报告的国际准则》中，要求揭示涉及一般估价方法的会计原则，如历史成本、重置价值、一般物价水平调整或任何其他估价的基础。在 1994 年 3 月在日内瓦举行的第 12 届会议上，在讨论会计和报告在全球一级的发展这项主要议题时，特别提出在通货膨胀会计等问题上各国存在的差异很大，在正视各国各地区法律、政治、经济、文化上的差异的前提下，提出建立一套“最低要求”的会计准则，以使世界范围内的会计报表使用者能够对各国各地区有关企业的财务报表达到较高程度的理解。

从国际性会计组织的反映中不难看出，这些组织在通货膨胀会计领域中所做出的反映并不十分强烈，其所发布的文件要求与通货膨胀会计协调的目标还相距甚远。总之，通货膨胀会计的国家间差异是客观存在的，如何正确认识、合理分析这些差异，是进行国际会计协调，实现会计国际化的重要前提之一，因而也是当今国际会计的一项重要课题。

第三节 来自通货膨胀环境报表的折算

当今世界的通货膨胀趋势虽有缓和，但各国的通货膨胀情况是大不相同的，而跨国公司集团内的子公司又往往遍布世界各个地域。把诸多包含各不相同的通货膨胀影响的各子公司当地货币报表折算为母公司本国货币后进行合并，是不是妥当呢？这是比折算在高通货膨胀环境内从事经营活动的某些国外子公司报表更具有普遍意义的问题。在全球性通货膨胀环境下，跨国经营企业的母公司在编制合并报表时，将会面临集合并报表、外币折算和消除通货膨胀会计三大国际会计难题于一身的相互联系、互为交叉的特殊会计难题。如何在折算国外子公司报表时消除国际通货膨胀的影响，是在折算前先消除还是在折算后消除，这是会计理论界和实务界都非常关心的问题。本节试图对这些问题做出一些有益的回答。

一、在高通货膨胀的环境中经营的国外子公司报表折算中的难题

在世界经济一体化越来越明显，也越来越重要的今天，各国物价变动通常表现为通货膨胀且相互影响，同时，物价指数和汇率又相互影响。这种情况下，从会计的角度看，人们在外币报表折算和消除物价变动的会计影响方面遇到了较大的困难。其中，最主要的是外币报表折算与消除通货膨胀的会计影响的会计程序问题。折算不能替代通货膨胀会计，外国的高通货膨胀率常常会给会计人员带来问题。

【例 7-5】 如表 7-11 所示，在 1970 至 1984 年间，巴西的物价飞涨，大大地高于英国所经历的上涨幅度。克鲁塞罗（Cr）的兑换价值相应下跌。

表 7-11　巴西和英国的汇率与物价

年份	汇率（克鲁塞罗对英镑）	零售价指数	
		巴西	英国
1970	1£ =11.85Cr	100	100
1984	1£ =3 622Cr	30 000	500

在此情况下，采用现行汇率法不能给人以满意的结果。这可用一个简例来说明，假定一家英国公司在巴西的子公司于 1970 年以 10 000 000Cr 的价格（或者按 1970 年的汇

率折算为£ 843 882）购买了一块土地。如果在巴西子公司的报表上对通货膨胀不进行任何调整，这项资产按其历史成本，亦即 10 000 000Cr 列示在子公司 1984 年的资产负债表上。如按现行汇率折算，这块土地反映在 1984 年合并报表上的价值则为£ 2761（10 000 000Cr × £ 1/3 622Cr），这很难说是这项资产的“真实与公允”的价值。这是“厂场消失”现象的一个例子，即随着时间的推移，位于高通货膨胀经济中的厂场在合并资产负债表上几近消失。

为了避免这种现象，人们往往建议采用历史汇率来折算固定资产。这正是 FASB 第 52 号公告所用的方法。这一公告规定采用时态法折算处于高通货膨胀环境中的子公司财务报表。在上例中，如果采用时态法，这块土地在合并资产负债表上将按£ 843 882（以英镑表示的成本）列示。尽管时态法会得出较为满意的结果，但必须指出，它绝非一种调整通货膨胀的手段。£ 843 882 这个数字所表示的既不是英国通货膨胀调整后的股东原始投资额（这个金额可通过以英镑表述的原始成本乘以英国的物价变动指数标出，也即£ 843 882 × 500/100 = £ 4 219 410），也不是这块土地在巴西的现行价值（这个金额可近似地等于以克鲁塞罗表述的原始成本乘以巴西的物价指数，即 10 000 000Cr × 30 000/100 = 3 000 000 000 Cr）。显而易见，折算永远不能替代就通货膨胀对公司财务报表进行的调整。

在根据国外子公司的经营性质和功能货币概念分别选用时态法或现行汇率法时，还有一个难以妥善解决的问题。那就是，作为相对独立自主经营的国外实体在一个通货膨胀率很高的东道国内从事经营活动的子公司，照理其功能货币应使当地货币，要采用现行汇率法折算其当地货币报表。但是由此得出的非货币性资产成本的本国货币（母公司所在国家货币）等值，将远低于起源时的计量基础，由于折算的折旧费偏低，折算的净收益必然偏高。根据这样的折算报表计算对该子公司投资报酬的各项比率，由于包含了过高的通货膨胀因素在内，很可能导致对未来活力能力的错误预期。应否在折算前对当地通货膨胀的影响先进行调整呢？还是采用其他的办法呢？

二、国际通货膨胀影响的消除

物价变动下外币报表折算最主要的难点是既要消除通货膨胀对会计信息的影响又要选择适当的折算方法将国外主体会计报表折算为母公司报告货币。对此，国际上有两种不同的程序。

（一）重新表述——折算程序（Restate—Translate Method）

由 Zenff 和 Zwick 提出，这种方法认为，从国外子公司角度看，为了保持子公司报表中原先表达的各项财务比率的关系，应先将国外子公司报表项目按子公司所在国的物价指数变动水平进行调整和重新表述，然后再将国外货币金额按现行汇率折算为母公司所要求的编报货币金额，以便进行报表合并。显然，这是与持子公司货币观点的现行汇率法相适应的。在按子公司当地货币所属国家的一般物价指数进行调整后，将采用现行汇率法折算，然后再与对本国通货膨胀影响进行调整后的母公司报表合并。

【例 7-6】 将这种方法应用于上述巴西资产的那个例子，得出的数字是：

10 000 000Cr × 300 ×（£ 1 ÷ 3 622Cr）= £ 828 272

注意：这时折算用的是现行汇率。

美国第 33 号会计准则《财务报告与物价变动》规定，美国跨国公司在折算美元以前，应先将国外报表中的货币资产按现行成本等值进行调整。在英国，重新表述——折算程序是第 16 号标准会计实务公告的组成部分，而且绝大多数的建议都要求补充披露现行成本或要求以现行成本调整报表。英国第 20 号标准会计实务则要求：在高通货膨胀环境下从事经营活动的国外实体，只要可能，其财务报表应在折算为英镑之前，按照所在东道国当前的物价水平进行调整，调整后采用现行汇率法折算。在荷兰，重新表述——折算程序已由飞利浦公司实施了 25 年。其独特之处在于：重新表述的现行成本信息不仅在对外报表中披露，而且是该公司管理信息系统的组成部分。在这个问题上，第 21 号国际会计准则采取了比较灵活的态度。对在高通货膨胀国家内从事经营活动的国外子公司，其当地货币报表既可以在折算前对当地通货膨胀影响进行调整，调整后采用现行汇率法折算，也可以改用时态法折算。在 1990 年 1 月 1 日开始生效的第 29 号国际会计准则《高通货膨胀经济中的财务报告》中，IASC 又改变了上述的灵活态度，明确规定对这类国外子公司的财务报表，应根据其所用货币所属国家的一般物价指数进行调整，调整后采用现行汇率法折算。

（二）折算—重新表述程序（Translate—Restate Method）

由洛伦森（Lorenson）与罗森菲尔德（Rosenfield）提出，这种方法站在母公司角度，认为为了全面反映公司的经营成果和财务状况，应先进行外币折算，然后再按母公司的物价变动水平进行调整，按本国编报货币金额进行重新表述。它是与持母公司货币观点的时态法相适应的。

【例 7-7】 将这种方法应用于上述巴西资产的那个例子，得出的数字是：

10 000 000Cr ×（£ 1 ÷ 11.85Cr）× 5 = £ 4 219 410

注意：这时折算用的是历史汇率。两种方法得出不同结果的原因，是由于两种货币之间汇率的变动并不确切地反映两国通货膨胀率变化的差异。

美国第 52 号财务会计准则认为：在折算前对当地通货膨胀的影响先进行调整，不符合美国基本财务报表中所采用的历史成本计量基础。作为变通的解决方案，它要求在通货膨胀率过高的环境下从事经营活动的国外子公司改以美元为功能货币。这种环境被具体界定为三年内的通货膨胀率都超过100%的国家。这样，这些国外子公司就要采用时态法，按历史汇率折算非货币性资产的当地货币价值，从而使这些外币资产的美元等值保持固定。加拿大的会计建议书的要求也是这样的。然而，这样的会计处理，只有在子公司东道国和母国之间的差别通货膨胀率与汇率完全负向相关的条件下才有意义，否则，处于通货膨胀环境下的外币资产的美元等值也会使人产生误解。

姑且不去评论美国FASB在这个问题上背离理论依据而采取的务实主义态度，仅就这一规定的实际效应而言，一旦子公司所在东道国的通货膨胀率降到限度（100%）以下，那就要转而采用现行汇率法（现在应以当地货币为功能货币）。但由于在这期间汇率必将有大幅度的变动，从而会导致对合并股东权益的巨大折算调整额，对以股东权益为分母的财务比例将带来巨大的影响。不少跨国公司担心执行第52号准则会影响股东、债权人和信用评级机构在进行投资分析时对公司的评价，不是没有道理的。

上述两种方法从实质上看，都是一般物价水平会计，它们之间的差别在于物价指数的选择不同，“先折算后重计”采用的是母公司所在国的物价指数，“先重计后折算”采用的是子公司所在国的物价指数。理论上，两者各有优缺点，但在实际中，由于编制合并报表时，母公司理论已被大多数国家接受，即外币报表折算应为母公司的股东、管理当局服务，而这些股东一般来说，都是身居母公司所在国，并且只接受以该国货币表述的报表，因为他们是以这种货币进行原始投资的。这就为所衡量的购买力应是母公司所在国货币的购买力这个论点提供了有力的根据。因此，笔者更倾向于“先折算后重计”的折算方法。

三、从合并报表的编制方法上采取的措施

应该说，在兼用时态法和现行汇率法的情况下，适当地采取一些措施解决服务于某种目标的办法是可能的，而且也付诸实施了。

1. 分别按不同情况和层次编制几份合并报表

例如，对用时态法和现行汇率法折算的国外子公司报表分别合并。前者（只用时态法时）在消除国际通货膨胀影响上就可以采用“先折算、后消除”的程序。在折算前，对国外子公司报表遵循的会计准则不同于母公司本国的会计准则之处，也可以进行适当的调整，这样的一份合并报表完全符合母公司货币观点的要求。而在采用现行汇率法时，在消除国际通货膨胀影响上，就可以采用“先消除、后折算”的程序。在折算前，对国外子公司报表遵循的会计准则不同于母公司的会计准则之处，则无需进行调整，这样的一份合并报表也就完全符合子公司货币观点的要求。又如，可以按通货膨胀程度相当的国家和地区分别合并在各该地区从事经营的子公司的报表。再如，进一步按经营同类或类似业务或按一定控股层次上的子公司分别合并它们的报表，这在多样化经

营和多层次控股的集团中是值得考虑的，并同样适用于国内子公司。

这种按不同目标分别不同情况和层次编制几份合并报表，在跨国公司内部管理上是非常有用的，而且也应该要求跨国公司的高级经理人员有驾驭多种合并信息的能力。在荷兰，编制几份合并报表的做法已行之有年；在美国，财务分析家也认为合并报表的信息加总程度过分了，应该进行适当的分解。然而，用于对外目的的合并财务报表，一般则必须是单一的一份报表，上述设想并不能从根本上解决问题，但也可以通过披露分部信息的方式把信息传递给合并报表使用者。这样，又会相应地增加编制合并报表的工作量和成本。

2. 把特殊情况的子公司排除在合并之外

按照编制合并报表的要求，并不是所有被控股的子公司报表都在合并之列，对于特殊情况的子公司，可以将其排除在含并范围之外。例如，受到有关法律的限制，母公司不能任意动用其资金的公司（如集团内的银行等等）。根据这一惯例，把高通货膨胀国家从事经营业务的子公司排除在合并之外，可能是合适的，而且这类国家也不可避免地会实施外汇管制，它的资金往往不能自由地汇回本国，如果对这些国外子公司的报表不予合并，在表下注释中必须充分披露其理由和必要的财务信息。

四、新的思路：全面重新表述——折算法

当实务中两种方法并存，竞相发挥作用的同时，美国会计学家乔伊（Choi）和米勒（Mueller）又提出了另一种解决两种方法之争的新思路——从决策方向的构想来思考。这种方法的理论依据是：一般来说，企业的投资者所关心的是企业未来获利的潜力，因为这直接决定着他们投资的最终价值，而企业获利的潜在能力又直接与企业的生产能力有关，因此，企业只有保持它的生产能力，才能保持其盈利能力。这一论证的直接含义是：投资者需要的是用特殊物价水平而不是用一般物价水平调整的财务报表，因为个别物价水平的调整（现行成本模式）可以得到最大数额的资源作为股利，并且仍然保持公司的生产能力。同时，这一方法把外币报表的计量属性统一在现行成本上，调和了折算外币报表的时态法与现行汇率法、合并报表的母公司观点、实体观点等的内在矛盾。无论是重新表述——折算，还是折算——重新表述，都是以历史成本计价结构为基础。历史成本按价格水平变动调整，无论是按国外一般购买力还是按国内货币购买力调整，它仍然是以历史成本为基础的模式。严格地说，只有现行成本信息才是决策相关的信息，因此两种方法之间的争论毫无意义。

基于这种考虑，他们认为受通货膨胀影响的子公司外币报表的折算，恰当的国际物价水平调整程序应该是首先运用现行成本会计调整子公司的外币报表，然后用期末现行汇率加以折算调整。即：（1）对所有的国外子公司和国内子公司以及母公司的财务报

表都按现行成本重新表述，以反映特定物价水平的变动（如现行成本）；（2）运用各种外币的现行汇率把所有国外子公司的外币报表折算为本国等值货币，这样就能保持与决策相关的信息；（3）在计算货币利得或损失时，应该使用与公司日常大量消费相关的特定物价指数，母公司观点要求使用本国物价指数，当地公司观点要求使用当地物价指数。这种观点的实质是：在通货膨胀会计中，以现行成本模式替代历史成本模式；在外币折算中，以现行汇率法替代时态法，并采用“重新表述——折算”的程序。全面重新表述—折算法把国外和国内子公司以及母公司的报表都重新表述为各自的现行成本价值，就能得出与决策相关的信息，这一信息将能表示股东可能派得的股利的切合实际的最高金额，从而为母公司股东和所有子公司的少数股权所接受。它还便于预测未来的现金流量。而且，在对所有国外子公司的现行成本为基础的个别报表进行折算后，就能更好地在国际范围内对比和评价它们的相对经营业绩。当然，由于很难准确地找到各报表项目的现行成本，并正确地评价其合理性，这一方法在实际中并未得到广泛的应用。这也许是今后可能发展的趋向，如与会计计量的公允价值模式相联系，又该进一步做哪些探索呢？

从世界各国会计实务来看，按现行成本会计先调整、后折算的程序已得到不少国家的支持，其合理性为越来越多的人所认识。在 FASB 于 1982 年 12 月发布的第 70 号准则公告《财务报告与物价变动：外币折算》中，鉴于公众表示的对第 33 号财务会计准则的历史成本——不变美元的不满，FASB 现在对于用美元以外的功能货币计量其绝大部分涉外经营活动的企业，只要披露现行成本信息，就可以免除第 33 号财务会计准则关于表述以不变购买力为单位的历史成本信息的要求。作为便利不同期间对比的手段，现行成本信息既可用美国一般购买力单位，也可用外国一般购买力单位来计量。尽管准则还允许在两种程序之间进行选择，但基本的估价结构是以现行成本为前提的。1986 年发布的第 89 号财务会计准则公告对这个问题的态度是：（1）公司对非货币性资产可以按历史成本或现行成本重新表述；（2）在提供与外国经营有关的现行成本补充数据时，可以选择两种程序之一将国外经营实体的报表折算并按照美元进行重新表述。从国际上看，美国准则的发展表明：以现行成本为基础的“重新表述——折算”程序正赢得支持。此外，英国的第 16 号会计实务公告和第 21 号国际会计准则也同样支持这一做法。

思考练习题

1. 通货膨胀对企业的财务状况和经营业绩有何影响？

2. 有人认为，“通货膨胀会计的目标是保证企业能够维持经营能力”，你对此有何评论？

3. 历史成本/不变货币和现行价值/名义货币会计模式有什么异同？

4. 外国通货膨胀会计与本国通货膨胀会计有什么不同？

5. 在会计界，任一国家对通货膨胀的反应可以通过引起会计差别的背景因素加以预测。试举几个国家的例子进行说明。

6. 有人说：英国和美国在1973年至1983年所建议的通货膨胀会计的失败是由于它们缺乏概念基础。请讨论这种说法。

7. 有人说，通货膨胀会计体系应该采用特定物价指数而非一般物价指数。请阐述你是否同意这种观点。

8. 概括在物价上涨时影响历史成本会计的主要问题。有哪些可行的解决办法？

9. 有人说，拉丁美洲提供了唯一成功的通货膨胀会计范例。请讨论这种说法。

10. 作为一名潜在的跨国公司投资者，你认为是“重述——折算”方法还是“折算——重述”方法能提供更相关的信息？从国外子公司投资者的角度看，哪种方法更优？

第八章

国际会计惯例与报表比较

本章学习目标

1. 了解国际财务报告的类型与披露技术；
2. 掌握重要的国际会计惯例比较；
3. 掌握财务报表的国际比较。

在当代国际会计的发展中，人们对财务报告的研究日益重视。联合国从 20 世纪 70 年代中期开始，曾先后组建过三次专家工作组，每次都以“会计和报告”（Accounting and Reporting）并列命名；C·W·诺贝斯·R·H·帕克在其主编的名著《比较国际会计》中，以财务报告作为中心概念，论述会计的国际协调；英国 1990 年重新组建的会计准则委员会（ASB）将其发布的准则直接称为“财务报告准则”。如果在“会计”的概念中包含着“报告”的涵义，那么这种将会计和报告并列使用的状况改变了财务报告的地位。实际上，有许多学者指出，国际会计协调的核心是财务报告的国际协调。

第一节　国际财务报告的类型与披露

一、国际财务报告的类型

国际财务报告的类型大体上有四种。

（一）国际合并财务报告

国际合并财务报告（International Consolidated Financial Statement）是跨国公司向股东和债权人提供的合并财务报表，其特点为：（1）由于跨国公司是超大型企业，这种合并报表提供的均是综合性程度非常高的财务信息；（2）这种报表必须披露报表编制所遵循的会计原则和准则，否则就不可能看懂它，更不可能正确地理解它。

（二）向国际投资者提供的多样化的财务报告

为了使财务报告能适应国际投资集团中不同利益者的需要，一些国家（如荷兰、日本）的某些跨国企业又开始在两种基础上提供财务报告：一是以本国的第三者为对象按照本国的会计原则编制的；一是以盎格鲁—撒克逊集团为对象按照美国的准则和原则编制的。

（三）法定的财务报告

许多国家依照法律制度，要求在其管辖范围内开设的公司都要依法编报财务报告。这种报告对是否能满足公众了解公司情况和是否应在法定的财务报告之外还要编报另外的财务报告都不予考虑。如美国于 1933 年通过证券法，1934 年通过证券交易法，联邦政府还成立了执行这两个法案的 SEC。SEC 所要求的会计表述被认为是世界上最严格的，其对国内和国外公司的表述有两种形式，一种是为国内公司所使用的形式，另一种是为国外公司所使用的形式。

SEC 要求美国公司需按下列格式提出报告：（1）格式 10（Form－10），是证券发行人在证券交易所注册时的报告格式。（2）格式 10K（Form－10K），是注册股票上市公司的年度定期报表格式。（3）格式 10 Q（Form－10Q），是注册公司的季度报告。（4）格式 8K（Form－8K），是注册公司特殊问题的报告。SEC 对外国公司的表述形式要求如下：（1）格式 20（Form－20），是外国公司最初在美国证券交易委员会登记股票上市或在柜外交易的公司报告。（2）格式 20K（Form－20K），是外国公司对 SEC 的年度报告。（3）格式 6K（Form－6K），是外国公司对 SEC 的季度报告。

（四）向国际组织递送的专门特别报告

跨国公司提供的专门报告，有时要递交国际发展银行、世界银行、国际金融公司等有关的国际金融组织。国际财务报告所提出的问题与单纯国内报告不同。例如当波音公司向发展中国家航线供应飞机和零部件以及训练服务时，这些国家为向进出口银行寻求贷款，各条航线需向银行提出一份申请报告，以便银行对来自各申请国的报表进行比较，并以此作为财务预测的基础，这些报告即是一种特别报告。又如附属世界银行的国际金融公司向其协定成员国的私营企业提供借款时，允许每个借款企业的会计核算和财务报告执行各企业当地法律，但国际金融公司要求借款者定期编制财务报告，以便投资者加以监督。为此，国际金融公司发行了一种专门手册，手册中对这种会计与财务报告的形式、内容、所依据的会计标准和原则、独立审计师报告等要求，列有详细的规定。这就是一种跨国专门特别财务报告的典型。

二、国际财务报告的披露技术

国际财务报告的披露技术主要受三个因素的影响：（1）政府或法律机构的管制；（2）会计信息使用者的要求；（3）编制财务报告成本的限制。为此，许多公司选用一些恰当的国际财务报告补充披露技术，以便使国际财务报告能更有效地被有关各方理解、接受和利用。公司在跨国财务信息的披露上采用的技术具体包括：

（一）不作为

跨国公司向国外报表使用者提供的报表与向国内使用者提供的报表完全一样，使用本国语言和货币、运用本国的会计准则。这种做法一般在英美等国的公司使用，因为其所用语言和货币在国际上比较流行，能为大多数国际读者所理解。

（二）表下注释

一些国家允许跨国公司按母公司所在国的会计准则编制财务报告，但同时必须在报表的注释中注明两国会计准则的差别及其对报表数据的影响。美国、法国、比利时、日本等国都对外国公司做出了这类规定。

（三）适当的翻译

翻译就是跨国公司将财务报告的语言翻译成国外主要报告使用者的民族语言，但仍然使用本国货币和运用本国的会计准则。如英国的跨国公司把寄交给法国股东的财务报告翻译成法文，或者将法文译本连同英文原本一同寄给法国股东。

（四）外币折算

有些公司除了在语言上进行翻译外，还在计量货币上进行转换，但对会计准则不进行调整，即以报告期末汇率为标准，全部折算为报告使用者所在国的货币金额。折算结果的列示有两种方法：一种是只列示折算后的金额；另一种是设置两个金额栏，分别列示折算前的原币金额和折算后的外币金额。因此，报表读者既要意识到报表采用的会计准则与本国不同，又要对外币折算业务有一定的了解。否则，有可能误解报表中的某些信息。

（五）提供专门信息

一些大型的国际化公司常常花费相当大的篇幅向国外的财务报告使用者介绍公司经营环境的特殊性。鉴于国外投资者不一定能够掌握和运用别国现行会计标准和原则，有的跨国公司向外国报表使用者提供它们编制会计报表基础的说明，甚至在其财务报告中集中列示了有关的特殊/专门词汇，用于解释它们所采用的会计方法在会计计量方面的独特性。

（六）有限的重新表述

为了弥补只通过语言的翻译了解报表的不足，有的跨国公司按照会计报告的外国使用者所熟悉的会计标准（如美国的 GAAP 或 IAS）和形式，对其报告中的一个部分进行重新表述，以便使外国读者获取相应的资料。它不是对整个报表进行重新编制，只是在财务报表附注中提供某些重要项目的补充信息，所以是在有限的基础上重新编报。调整的项目主要是净利润及总资产和净资产等。这些信息所用的语言是翻译的，但货币不进行转换，以便排除汇率变动的影响，集中反映会计准则不同引起的差异。

（七）补充编制辅助财务报表

这种方法是 1975 年 2 月会计师国际研究组（AISG）在其《国际财务报告》中提出的。该报告建议跨国公司编制两套财务报表，即基本财务报表和辅助财务报表。前者按公司原所在国的会计准则及该国文字来编；后者则专门为其他国家的读者编制。这种方法的优点在于：（1）这种报告体系使本国的会计观点和其他国家的会计观点都得到了承认，读者从中获得了更多的信息，有利于其作出正确的投资决策；（2）有利于会计的国际协调；（3）有利于绩优的跨国公司树立良好的形象，从而降低筹资成本。

（八）按国际会计准则编制财务报表

国际会计准则理事会（IASB）正努力形成世界范围适用的会计准则，力图消除全世界会计准则中“不需要”的差异。这一方法试图超越一个国家的会计准则，适用世界范围的信息使用者，这样，就不必为不同国家读者编制单独年报，编制一套财务报表就足以满足全世界范围所有信息使用者的需要。

（九）网络财务报告（Internet Financial Report，IFR）

网络财务报告主要是指报告主体通过建立在 Internet 上的网址（Web－Site）向使用者传递的财务报告。早期运用于网络财务报告的技术主要有 Electronic Paper 与超文本标示语言格式（Hypertext Markup Language，HTML）两种。随着技术的进步，由美国注册会计师协会（AICPA）发起的一种新的互联网财务报告语言——可扩展企业报告语言（Extensible Business Reporting Language，XBRL）正得到迅速发展。这一标准语言还将帮助推进财务报告过程朝实时披露的方向发展。

第二节　国际会计惯例比较

重要会计惯例一般是对财务报告产生重要影响的那些会计惯例。基本会计业务大体可以覆盖重要会计惯例①。

① 本部分内容主要根据常勋主编的《国际会计研究》（中国金融出版社，2005 年 7 月第 1 版）中的第二个专题改编。

一、固定资产的计价

绝大多数以税法为主导的国家（包括美国在内）对固定资产的计价长期坚守历史成本原则。其理由有两个方面：（1）可以正确地反映企业对固定资产的原始投资；（2）可以正确地计提折旧。但在基于“真实与公允”观念的英国、荷兰、澳大利亚、新加坡、瑞典等国，却非常普遍地采用现行成本、重置成本对固定资产重新估价，并重新核定经济使用年限，且不受法律或会计准则的约束。巴西的方法在世界上是个特例，它对固定资产采用历史成本法加通胀指数调整法计价。

迄今为止，直线折旧法仍然是广为流行的折旧方法，但这并不排除在纳税申报环节采用加速折旧法。以美国为代表的不成文法系国家，编制对外财务报表所遵循的会计准则与所得税法的会计要求基本上相背离。但在法国和德国等欧洲大陆的成文法系国家，两者的要求基本上保持一致，即会计准则基本上要遵从税法要求。在这种情况下，企业在对外财务报告和纳税申报中，可能同时采用直线法，而经准许在纳税申报中采用加速折旧法的企业，在对外财务报告中也必须采用加速折旧法。在 Choi 和 Bavishi（1982）的国际调查样本中①，法国公司和德国公司采用直线法或加速折旧法折旧的，几乎不相上下。

关于折旧额能否超过固定资产原价的问题，则有较大的国际差异。根据阿西（Arcy）和奥德海德（Ordelheide）（2001）在会计惯例国际比较矩阵中的研究，② 美国、加拿大、德国、日本等国都不允许超过原价，英国、法国、荷兰、瑞典、瑞士等国则允许超过原价。

在历史成本计量模式下，一般不允许对固定资产进行重估价，除非是在提供物价变动影响的补充资料中。但法国等西欧国家和阿根廷、智利等拉丁美洲国家的会计惯例则允许对固定资产重估增值。

二、存货成本的计价

（1）大多数国家如美、日、法、中都对存货按原始成本计价，但当市价低于取得时的成本时，一般采用稳健性原则，使用成本与市价孰低法（LCM）。但细究起来，其国际差异也是存在的。例如美国对其应用有一个条件限制，即存货的售价已经下跌。因此，对订有固定售价的合同尚未发售的存货，即使其重置价格低于成本，也不能使用这

---

① Frederick D. S. Choi and Vinod B. Bavishi（1982）: *Diversity in Multinational Accounting*, Financial Executive, August 1982, p. 45 ~49。

② Arcy and Ordelheide（2001）, *A Reference Matrix*, *in Transnational Accounting*, Edited by Ordelheide and KPMG, 2nd Edition.

一方法。而北欧国家的会计惯例则没有这样的限制，甚至对进口存货允许计提一定的跌价准备，而不问其重置价格的走向如何。（2）在存货发出的计价中北美国家比较流行后进先出法，为此企业可以获取税收方面的利益，而在英联邦国家和德国、瑞典等北欧国家，占优势的惯例则是先进先出法，例如英国会计准则规定存货的成本只能按先进先出法计算，理由是这种方法能够与实物流转相一致，也比较符合配比原则。2003 年 12 月，IASB 在对 13 项《国际会计准则改进》项目中，在对 IAS2《存货》的改进中，废止了后进先出法；美国 FASB 已于 2004 年 11 月发布了 FAS151《存货成本》，在存货的成本构成上趋同于改进后的 IAS2，但在存货计价方法上仍允许采用后进先出法。存货一般按实际成本计价，但如果采用标准成本法或零售价格法的计算结果与实际成本相接近，这些方法也允许使用。（3）在资产负债表中，存货按完全成本而不是变动成本计价，变动成本计算只应用于企业的内部决策和成本控制，这是世界范围内的通行惯例，但瑞士的不少公司在对外财务报告中也按变动成本对存货计价。

三、商誉的计价

国际上目前主要有三种商誉计价方法：（1）在极少数国家中，把它看成是一项永久性资产，并将其予以资本化列示于资产负债表中。（2）在法国、荷兰、德国等国，会计惯例是把它看成一种权益抵销项目，在会计处理上直接调整控股公司股东权益的准备金账户。（3）把它看成是可摊销资产。从世界范围看，美、英、加、瑞士、瑞典以及中国采用的都是可摊销资产模式。如美国规定将合并商誉资本化，并在 40 年内摊销。另外，还有的国家，如英国，对合并商誉可以采取多样化处理：既允许企业采用一次性注销的做法，直接冲销有关准备账户，大多数企业运用该法的原因在于它可以美化企业报告期的收益；同时也允许确认商誉为一项资产予以分期摊销，这主要是为了照顾某些企业的特定需要，如避免准备账户过度冲减等。

根据 Arcy 和 Ordelheide 的调查，要求确认首次合并产生的商誉的国家和国际组织还有阿根廷、澳大利亚、奥地利、比利时、加拿大、芬兰、法国、德国、意大利、日本、荷兰、挪威、葡萄牙、西班牙、瑞典和美国以及 IASC 和欧共体（现欧盟）。基于欧盟的协调化努力，欧洲大陆国家的大型企业特别是跨国公司也转向将商誉确认为应摊销资产。作为欧盟会计协调化成果的欧盟体第 7 号指令允许把已确认为无形资产的商誉在系统地摊销或是立即从合并股东权益中注销这两种方法中选用其一。

根据 Arcy 和 Ordelheide 的研究，比较而言，要求系统摊销外购商誉的国家比较多，诸如阿根廷（没有规定摊销年限）、澳大利亚（不多于 20 年）、比利时（通常不超过 5 年，超过者要披露原因）、葡萄牙（不超过 5 年，除非可以证明更长的时间）、加拿大（不长于 40 年）、芬兰和意大利以及西班牙（不多于 5 年，除非能够提供不多于 20 年的证明）、日本（不多于20年）、IASC（按最佳估计有用年限）。此外，瑞典虽然要求摊销，但却未限定具体的摊销期间，要求在正常情况下不长于5年，除非能够提供不多于20年的证明；挪威则要求根据合理的贬值计划所属期间转销至损益表中；英国关于合并商誉摊销的要求是按照其预期寿命从损益表中减记，但如果其经济使用寿命不确定，则仅要求记录减值损失。美国FASB在2001年6月30日发布的SFAS142《商誉及其他无形资产》中，改变了系统摊销商誉的方法，代之以测试和确认减值损失（至少每年一次）的方法，即只有在商誉的账面记录金额超过其公允价值的会计期间，才记录其减值，并将减值部分确认为当年的费用，而奥地利、丹麦、法国、德国、荷兰和瑞士至今仍允许从合并权益中直接注销。

四、股东权益

通过观察企业从一种会计基础调整为另一种会计基础的收益和股东权益数字的变化，有助于说明不同国家会计差异的程度。这些数据最常见的是来源于在美国证券交易所上市的外国公司的年度报告。一些调整计算的例子列示于表8－1，包括爱立信（Ericsson，瑞典）、贝纳通（Benetton，意大利），戴姆勒—奔驰（Daimler－Benz，德国）、葛兰素史克（Glaxo Wellcome，英国）和英国航空公司（British Airways，英国）。显然，差异相当之大，并且目前尚未发现简单易行、可凭经验调整的程序。

表8－1　葛兰素史克公司按照美国公认会计原则调整的所有者权益

金额单位：百万美元

时间	英国准则	国际财务报告准则	美国GAAP	差异（%）
1995年	91		8 168	+8 876
1996年	1 225		8 153	+566
1997年	1 843		7 882	+328
1998年	2 702		8 007	+196
1999年	3 142		7 230	+130
2000年	7 517		44 995	+499
2001年	7 390		40 107	+443
2002年	6 581		34 992	+432
2003年	5 059		34 116	+574
2004年	5 925		34 042	+475
2005年		7 570	34 282	+353
2006年		9 648	34 653	+259

一般说来，把库存股份作为股东权益的减除是符合“实质重于形式”的会计惯例的。虽然，从现象上看，库存股份就像对其他公司股份的短期投资一样，但实质上是本公司一部分股东权益的暂时收回，因此应当从股东权益中抵减。关于库存股份的会计惯例，既有作为股东权益抵减项目处理的，也有作为一项资产列示于资产负债表的。美国和加拿大等北美国家采用前一种方法；而欧洲大陆国家大多采用后一种方法；日本公司则从原先仿效欧洲大陆的惯例转向仿效北美的惯例。在 Choi 和 Bavishi（1982 年）所做的国际调查中，日本公司流行的惯例已经是把库存股份作为股东权益的减项，但却仍然把库存股份出售时与其取得成本间的差额确认为当期损益，而不是把库存股份的出售作为资本交易。这样，就在相关联的会计方法中导致了概念上的矛盾。

五、研究开发费用

国际上对此有三种处理方式：（1）在美、德、荷兰等国，会计实务是把它全部计入当期费用处理。其理由是：如果将企业的研究和开发费用资本化，则会给企业带来由于未来收益不确定，最终可能使成本与收益无法合理配比的风险。（2）意大利、法国、日本、巴西、瑞士、瑞典等国的做法是将其资本化，然后按未来可取得收益的期限进行摊销。日本摊销期一般为 5 年，法国规定在不超过经济寿命的期限内摊销。（3）在中国，将研究费用作为期间费用处理，而将开发费用进行资本化摊销；英国则将其按基础研究、应用研究和开发研究三种类型划分，前两种类型做期间费用处理，后一种类型只有符合特定的条件（如取得成果的把握性极大）才能予以资本化。

基础研究成本确认的会计惯例较少明确规定。在有规定的情况下，也大多是由会计准则制定者推荐某些处理方法。例如，意大利规定基础研究成本的确认条件是与其关联的预期未来事项是确定的或可能的。应用研究成本确认的会计惯例的明确规定也不多。澳大利亚规定只允许对那些无可置疑的并且成本预期能够被收回的应用研究成本予以确认。意大利则规定应用研究成本的确认条件是与其关联的预期未来事项是确定的或可能的。葡萄牙允许对被解释为开发成本的符合某些条件的应用研究成本予以确认。西班牙和瑞典都允许对符合某些条件的应用研究成本予以确认。

开发成本确认的会计惯例较之基础研究成本和应用研究成本多些，但优势惯例是允许确认而非要求确认。Arcy 和 Ordelheide 的研究揭示了以下惯例：澳大利亚规定只允许那些无可置疑的并且成本预期能够被收回的开发成本予以确认，也适用于勘探成本；加拿大允许对符合某些条件的开发成本予以确认，也适用于勘探成本；丹麦、西班牙、瑞典允许对符合某些条件的开发成本予以确认；而 IASC、葡萄牙则要求对符合某些条件的开发成本予以确认；意大利则规定开发成本的确认条件是与其关联的预期未来事项是确定的或可能的；荷兰允许确认开发成本，也适用于某些勘探成本；比利时、芬兰、法国和挪威允许确认开发成本；英国则只允许对某些开发成本予以确认；美国要求对符合某些条件的软件的开发成本予以确认，但不允许确认其他开发成本；奥地利和德国则不允许确认开发成本。

六、准备

这是美国和英联邦国家与欧洲大陆国家和日本的会计惯例中的一大差异。前者只允许为特定目的，在收益分配中提留专用准备，对利润分配作一限制，只需划拨相应的账户，美国称之为“留存收益的分拨”；后者则允许在收益分配中提留可以任意处理的通用准备，如德国就有法定准备、任意准备、从净收益转来的准备、基于纳税设置的特别准备和预提退休金等各项准备。后者利润通常被分成准备、现金股息、经理奖励基金和长期再投资四部分。除非小笔未分配利润转至下一年度，企业账上不存留存收益项目。在 Choi 和 Bavishi 1982 年所作的国际调查中，在纳入样本的 49 家法国跨国公司中，流行的却不是备抵法，而是直接销账法。根据 IAS36《资产减值》，应收款项适用于规定的资产减值的会计处理要求，因此，其列报在资产负债表中的金额应当是其可收回金额，而其坏账损失则计入相应期间的损益表。

欧洲大陆国家和日本等国家设定准备的目的是：（1）为了能够人为地调整企业的利润水平；（2）为了保护债权人的利益。例如在日本，商法要求公司设置资本准备和法定准备，企业必须建立已发行股本 25% 的法定准备金；在韩国则必须建立已发行股本 50% 的法定准备金；而法国会计有三种备付：备付折旧、备付特别税收、备付风险（或有项目）和负债。

七、递延所得税

递延所得税的会计惯例直接反映了各国税法对财务会计的影响。市场驱动型国家，如美、英、澳等国，应税利润与会计利润是两个不同的概念，因此，在会计上就出现了递延所得税的问题。但在政府控制型国家，他们的财务会计在很大程度上受到税法的影响，例如法、德、意、日、韩等国，因此这些国家的财务会计与税务会计是一致的，也就不存在递延所得税的会计处理问题。瑞士采用的是分期预提应计所得税的会计程序；在阿根廷，则根本不去预计所得税负债，而只是在收付实现制的基础上确认所得税费用。

由于企业的经济环境和自身经营存在很大的不确定性，基于会计的稳健原则，很多国家对递延所得税资产的确认规定了比较严格的条件。根据 Arcy 和 Ordelheide 的研究，比利时不允许确认递延所得税资产；丹麦、芬兰、意大利、荷兰和葡萄牙允许确认所得税资产；奥地利不允许确认后转亏损上的所得税资产，但如果其产生一项净所得税负债则要求予以考虑；英国要求确认递延所得税资产；其他一些要求确认递延所得税资产的国家都附加了一些条件，例如，澳大利亚一般要求确认递延所得税资产，但对于后转亏损上的递延所得税资产则要求仅在预期其所代表的未来纳税利益的实现能够在实质上确定的情况下才可以确认；日本的规定在总体上也要求确认递延所得税资产，但不允许确认在一定条件下后转亏损上的递延所得税资产；加拿大要求确认递延所得税资产，包括在一定条件下后转亏损上的递延所得税资产；IASC 则要求企业未来在这些所得税资产实现时有足够的应税利润用于抵消，方能确认递延所得税资产；挪威要求在计算递延税款净额时，递延所得税资产大于递延所得税负债时确认递延所得税资产；美国不但要求确认递延所得税资产，而且要求确认在一定条件下的后转亏损上的所得税资产。

八、收入确认

国际上，收入确认惯例存在重大差异，即收益确定的“总括”观念和“当期经营”观念。在美国，早在 20 世纪 50 年代就已经开始推行收益确定的总括观念。当时，美国的会计准则要求除业主投资、业主派得、资本捐赠、资本交易以及重大的前期调整项目以外的所有会计事项都通过收益表，而不能直接计入留存收益。同时，非常损益和会计政策变更的影响都不能作为对业主权益的直接调整。但是，当时几乎所有的非英语国家，则仍然允许把非常损益和会计政策变更的影响，直接作为对业主权益的调整而计入留存收益。

1992 年 10 月，英国 ASB 发布了 FRS3《报告财务业绩》，率先要求编制“全部已确认利得和损失表”，与已实现损益表一起共同表述报告主体的全部财务业绩，在“全部已确认利得和损失表”中，也包括那些根据法律要求或会计准则规定直接进入权益项下的“准备”项目的财务业绩。1997 年 6 月，美国 FASB 发布了 SFAS130《报告全面收益》。这份准则公告将全面收益划分为净收益和其他全面收益，一方面保留了传统净收益的概念，另一方面在其他全面收益中，主要报告那些绕过收益表直接列入权益的项目。IASC 也在第 IAS1《财务报表的列报》（1997 年修订版）中，提出了与英、美准则制定机构的设想相同的改革业绩报告的要求。但是，其他国家的准则制定机构还很少提出这种构想。

近年来频繁发生的企业兼并及其规模的急剧扩大促进了跨国公司的进一步发展，从而从微观层面推动着会计惯例的国际协调和全球趋同，以致会计惯例的国际差异正在逐渐缩小，全球趋同已经显现出一定的趋势。在一些更具体的会计方法上，如存货计价中后进先出法的取消，长期债券溢价和折价惯例的流行程度的提高等，也呈现出更大的趋同趋势。

第三节　财务报表的国际比较

可从四个主要方面进行财务报表的国际比较。

一、报表种类的差异

资产负债表和损益表是世界各国都要求编制的最基本财务报表，但涉及西方主要国家要求编制的“第三张报表”就有所不同了。

（一）通用报表

美、英两国在20世纪70年代都要求将财务状况变动表列为对外通用的财务报表，其他欧盟国家以及瑞士、日本等国家则没有这一要求。1987年，美国发布的第95号财务会计准则以现金流量表取代了财务状况变动表，相应的，国际会计准则委员会也在1992年发布新的第7号国际会计准则（IAS7），以现金流量表取代原先要求编制的财务状况变动表。可以说，在国际范围内，现金流量表已基本上奠定了它作为对外通用报表中的“第三报表”的地位。除三大基本报表外，美国相对于其他国家更加重视股东权益的增减变动情况，许多企业编制股东权益变动表，这是由美国经济中股东权益的复杂性和股份公司占有重要位置所决定的。日本则把补充明细表作为一个单独组成部分并提出专门的要求。

（二）增值表

增值表流行于西欧。20世纪80年代，英国和德国企业中约有半数以上编制该表；法国、挪威、丹麦、意大利等国也有一些企业编制；而美国、日本和新加坡等国企业则基本上没有对外提供增值表。可以说，在国际范围内，增值表还没有奠定它作为“第四报表”的地位，但不少国家已对其产生浓厚的兴趣。

（三）社会责任报表

1977年，法国通过了一项法令，要求所有职工人数达到或超过300人的企业都必须编制“社会资产负债表”，分以下几个方面披露企业的社会责任：职工人数、工资及福利成本、健康和安全保护、其他工作条件、雇员培训、行业联系、雇员住房、交通状况，反映了法国社会中的社会福利主义倾向。欧盟其他国家、瑞典、荷兰、德国对企业社会责任也有类似的要求。美国则只有极少数大企业才在年度报告中以简短的文字披露社会责任的履行情况。

二、报表格式的差异

报表格式的差异反映了各国对财务报表信息重要性的认识程度：

（一）资产负债表

对资产负债表，尽管各国都要求编制，但报表格式有很大不同。美国的资产负债表重视短期偿债能力，因而表中资产按流动性强弱来上下排列，负债按偿还期限的先后来上下排列。英国的企业更重视长期财务实力，因而表中项目的排列恰恰与美式报表相反：长期资产排列于流动资产之上，长期负债排列于流动负债之上。尽管德国的资产负债表类似于英国，但又与英国有所不同，其固定资产包括了无形资产和租赁资产，另外在股东权益和负债方，其格式是股东权益在前，负债项目在后。此外，英国和欧洲大陆各国还流行一种称为“营运资本式”的资产负债表，即在表的上端，先列示企业流动资产减去流动负债后的营运资本，而后加上长期投资、固定资产、无形资产等非流动资产，再减去长期负债（非流动负债），最终得出企业的股东权益。

表 8－2　　各国通用资产负债表格式

国　家	流动性顺序	形　式
澳大利亚	递减	财务状况
法国	递增	账户式
德国	递增	报告式
意大利	递增	账户式
日本	递减	账户式
西班牙	递增	账户式
英国	递增	财务状况
美国	递减	账户式或报告式

国际会计准则理事会（IASB）在对第 1 号国际会计准则（IAS1）《财务报表的列报》的改进项目（2003 年 12 月）中，在资产方增加了“生物资产”单独列报项目；对所得税资产和负债，按流动/非流动的标准，分别增列了“当期所得税负债和资产”和“递延所得税负债和资产”单独列报项目。

（二）损益表

损益表的格式，有多步法与一步法之分，但这并不是国际差异的标志。许多企业往往不是采用典型的分步法（如中国会计教科书中表述的），而往往是采用对收入和费用项目都有细分的一步式。国际差异的主要标志在于，西欧国家（尤其是奥地利和德国）的企业按总费用法编制损益表，还保持着损益表中不披露销货收入和销货成本以保持商业秘密的传统习惯。与国际流行的反映销售业绩的损益表相比，它们的损益表只是从列示销售毛利开始，不仅要反映销售业绩，而且反映生产业绩，包括只完成部分生产过程、或已完成全部生产过程但尚未出售的在产品和产成品及企业自制自用的产品的增减变动，同时在费用部分则应扣除期内发生的所有费用，即“总费用”。

需要指出的是，美国的损益表项目中有相当一部分项目无法直接从某一账户中找到，因其会计核算的账户是各取所需，灵活多样的，在编表时则按统一的项目分析填列。对损益表项目的规范主要是营业项目：填报收入时，可将销售收入和其他收入合并为一项，也可将利息收入、租金收入和投资收益单列；常常将销售费用和管理费用合并列示，而将折旧费、利息费用单列，但对非营业部分却很严格。我国的损益表项目中，除计算项目外，其他项目都有一一对应的账户。对损益表项目的规范性，我国与美国相比更严格。我国营业利润的范围也比美国的要小，如投资收益在美国属于营业利润，在我国属于非营业利润。

对损益表的结构，IASB 在改进 IAS1《财务报表的列报》项目中做了多处变更：(1) 取消了“经营活动成果”单独列报项目。(2) 取消了“非常项目”单独列报项目。(3) 增加了“可归属于终止经营的资产处置或负债清偿的已确认税前利得或损失”单独列报项目。(4) 将当期损益划分为“归属于母公司权益持有者”和“归属于少数股权”两个部分。

三、报表项目分类和术语差异

（一）项目分类

流动负债与长期负债划分的一般惯例是以 1 年为界限，凡在资产负债表日期 1 年以后到期的负债项目，应归入长期负债，这是通行的国际惯例。但是，德国的会计惯例则要求 4 年以后到期的负债项目才归入长期负债，这也从一个侧面反映了德国企业所持的长期经营目标的观点。再者，按照上述以 1 年为界限划分流动负债和长期负债的惯例，凡是原来的长期负债中将在资产负债表日期后 1 年内到期的项目的金额，就应归入流动负债，但有些国家对划分流动负债和长期负债期限的界定，还采用了“一年或营业周期孰长”的规定。美国、加拿大等国的会计惯例将库存股份列为股东权益的减项，而前联邦德国、意大利、葡萄牙等国的会计惯例则把它列为资产项目。

（二）术语差异

由于语言的不同，各国会计界在财务报告中所采用的术语往往是不同的。有时同一名词表示不同的概念，如 Stock 在美国表示股本，而在英国则表示存货；有时同一概念采用不同的名词，如应付账款在美国用 Accounts Payable 表示，而在英国则用 Creditors 表示。有时即使两国对统一概念采用同样的术语，但由于会计准则的要求不同，在具体内容上都可能有重要的差异。如“前期调整”一词，美国指前期财务报表差错的更正以及收买企业在合并前的亏损所带来的纳税抵减额的实现，英国则指前期财务报表差错以及会计方法的变更所产生的影响。显然，忽视各国财务报告术语的差别完全有可能在使用财务报表提供的信息时导致误解，并做出错误的判断。表 8－3 清楚地说明了美国和英国的一些常用财务报告术语的差别。

表 8－3　　美国和英国的一些常用财务报告术语的差别

财务报告术语	美　国	英　国
同一名词表示不同的概念		
Stock	股本	存货
Accounts	账户	报表
Turnover	周转率	营业收入
同一概念采用不同的名词		
股票股利	Stock dividend	Bonus issue
损益表	Income statement	Profit and loss account
留存收益表	Statement of retained earnings	Appropriation account
财务状况变动表	Statement of changes in financial position	Funds statement
应付账款	Accounts payable	Creditors
应收账款	Accounts receivable	Debtors
权益集合法	Pooling of interests	Merger accounting

四、报表重心差异和财务报告各构成部分重要性程度差异

（一）报表重心差异

在不少国家，特别是美国，虽然从 20 世纪 80 年代起，有迹象表明报表的重心从损益表向资产负债表倾斜，但目前损益表仍是最重要的财务报表，相比之下，资产负债表的重要性居次席。美国重视损益表的原因主要是大多数公司的所有权分布于社会大众，而社会大众的财产价值则依赖于股票市场的价格，这一价格又依赖各公司所报的“每股盈利”。美国的税法和一般富裕水准也影响到社会大众的偏好，希望其资产价值能用

股票价值方式来衡量，这种现象与其他国家不同。在欧洲和拉丁美洲各国，资产负债表仍然被认为是最重要的财务报表。这反映出这些国家的大多数人比较关心财产的所有权，而不是财产的“赚钱能力”和公司债务偿还能力。损益表对他们而言，只是提供额外的情况而已，因为社会公众比较关注真正的“股息”分配，而不是股票价格上涨。

（二）财务报告各构成部分重要性程度差异

研究表明各国之间对公司财务报告各构成部分的重要性的认识程度是不同的，见表8－4。

表8－4　　财务报告各构成部分重要性程度的排序

	美国	英国	新西兰
利润表	1	1	1
资产负债表	2	1	2
财务状况变动表	3	3	4
产品系列的收益情况	5	4	7
会计政策	4	6	9
管理层分析报告	9	5	5
公司过去5－10年总结	7	10	3
其他报表附注	6	7	8
总裁的信	11	8	6
审计报告	10	9	10
10－K表格报告	8	11	11
图示材料	12	12	12

各国之间对年度报告各构成部分所披露信息的重要性的不同认识恰好反映了这样一个事实，即各国进行财务报告的惯例是不同的。

?思考练习题

1. 简述国际财务报告的类型。
2. 简述国际财务报告的披露技术。
3. 你认为，资产负债表格式上的国际差异重大吗？为什么？

4. “即使财务报告是在可比较的会计原则基础上编制的，仍然存在着不可比性”，这句话的含义是什么？

5. 就收益和资产计量而言，美国会计原则与英国会计原则相比在多大程度上更倾向于产生“稳健”的会计结果？

6. 分析家经常把财务报表数据从一种公认会计原则按照另一种公认会计原则重新进行表述。要求：列举你认为需要调整以便从法律遵循基础转换到公允反映基础的主要的财务报表项目。

7. 如果让你为分析非本国财务报表的其他人士提出五个最重要的建议，它们会是什么？

8. 对在美国股票交易所上市的非美国公司，不要求按美国公认会计原则编制财务报表。然而，要求这些公司披露调节情况，以量化它们所报告的净收益与按美国 GAAP 报告的净收益之间的差异。最常披露的重大差异是什么？按美国 GAAP 报告的收益比按母国报告的收益是高还是低？

9. 财务报表格式的主要差异是进行这些报表比较的主要障碍吗？

10. 在一个尚未协调的世界中，上市公司年度财务报表的编制者和使用者是如何应对国际会计差异的？

第 三 篇

国际协调会计

第九章

国际会计协调化

本章学习目标

1. 了解会计国际化的进程；
2. 掌握国际会计协调的含义与目标；
3. 掌握参与国际协调的各类相关组织的努力；
4. 掌握美国的国际会计协调。

经济全球化和国际资本市场的持续发展，迫切需要会计信息可比性的提高，会计全球趋同遂成为跨国上市和证券发行及监管的必然要求。国际会计协调（International Accounting Harmonization）是当今会计领域的重大难题。

第一节　会计国际化进程

一、会计国际化进程

关于会计国际化的含义，归纳起来大致有三种，实际上代表了会计国际化的三个进程阶段：

（一）推广

第一种观点认为：国际化就是国家与国家之间相互交流、相互沟通，通过找寻各国差异之所在，求同存异，促进对国际会计惯例的学习与了解，以更好地促进国际交往。这是会计国际化研究的早期思想，较具有代表性的是1967年米勒（Mueller）的研究和美国注册会计师协会（AICPA）于1975年出版的《30个国家的会计职业》中所阐述的观点。

（二）协调

第二种观点认为：国际化就是在可能的范围内，尽量减少国与国之间的差异，通过一定的途径寻求出大家认可的一致内容。这种观点也就是国际协调化，其目标是寻求各国的共性，尽量减少国家间的差异，消除不必要的分歧，以达到国际间处理有关事务的可比性和同质性。具有代表性的观点是 1982 年乔伊和巴维希的研究，此种观点在目前占有主导地位。国际化就是在可能的范围内，尽量减少差异，寻求一致，会计国际化实际上是一种发展趋势，是通过各国会计的相互影响以及政治和职业组织的活动，使各国会计逐渐走向协调和一致的过程。

（三）趋同

第三种观点认为：国际化就是实行全球会计的趋同化、统一化，是从发展的角度来看待完全消除国家间的差异，实行与国际会计惯例相同的标准化会计，使本国会计融入国际行列。这种观点在目前占有较主导的地位，特别是国际性的有关组织更是支持这种观点并以此作为目标。

会计国际化的上述三种含义是在会计国际协调发展中的不同时期提出的不同看法，如果将这三种观点贯穿起来看，则可大致描述出人们对“国际化”的认识轨迹：沟通——找出差异，协调——减少差异，最终——实现趋同。它们不仅代表国际化的三种观点，而且还表现出国际化产生的历史先后顺序及内在的逻辑关系，不同的国际化思想有其产生的客观环境。沟通是基础，没有沟通，国家之间就不能相互了解；在相互沟通和理解的基础上，随着国际交往的增加，自然产生协调的要求；但是在很多情况下，协调不能从根本上解决各国间所存在的分歧，所以又产生了规范与趋同的呼声。

二、国际会计协调的含义

什么是国际会计协调？说法不一，有会计国际协调，会计准则的国际协调，会计国际化等，但实际上最核心都是指会计准则的国际协调。会计国际化的最重要体现之一，就是要执行通用的国际会计准则。当然，会计国际化所蕴含的内容要更多，比如信息披露的范围、方式、时间等方面，都要求各国之间相互协调，达到统一。

米勒（Mueller）认为，协调是一个过程，它将不同的会计实务整合到一个有序的框架之中，并产生协同的效果；C. W 诺贝斯（Nebes）和 R. H. 帕克（Parker）在其名著《比较国际会计》中认为，国际会计协调是指通过界定会计实务的差异，增加会计实务可比性的过程；F. D. S 乔伊和 G. G. 米勒认为，协调是各国会计准则在逻辑上的不冲突；L. G. 坎贝尔认为，协调（Harmonization）一般指通过缩小差异逐步趋同；L. S. 阿潘（Arpan）和 L. H. 拉德波夫（Rndeaugh）指出，协调就是一种缩小各种标准和实务差异以形成一套精密的可接受的标准和惯例的过程。威尔逊（Wilson）指出：“与标准化（Standardization）不同，协调意味着不同观点的调和。它是一种较标准化更为实际，也更讲求调解的方法，尤其是在前者意味着一国的会计实务必须为他国所接受的条件下。协调是增进信息的沟通，且以能够翻译和理解的方式来实现。”

Van De Tas（1988）根据会计协调对象的不同，把会计协调分为会计形式协调（Formal Harmonization）和实质协调（Material Harmonization），形式协调是会计准则和规范的协调，而会计实质协调是公司会计报告实务的协调。形式协调的主要目标在于提高实质协调，并消除不同准则之间的矛盾和主要差异，虽然形式上的协调并不一定能够保证实务的协调，但如果不减少财务报告规则中的备选实务方法，是永远不能够实现实质协调的，因此实现实质协调的关键仍在于实现形式的协调。

Van De Tas（1988）进一步将形式协调和实质协调划分为披露协调和计量协调，披露协调是对所提供的最低信息要求的协调，而计量协调是对会计计量方法的协调。形式协调和实质协调都可以表现为会计方法选择或披露的协调程度，前者称为计量协调，后者称为披露协调。计量协调与在备选的计量方法中做出选择相关，而披露协调则是一个朝着特定披露方法趋同的状态。从实质性的协调来看，进行计量协调的目的是便于对财务报告进行比较。从形式上的协调来看，计量协调关注的是准则中规定的各个公司可以选择的处理方法。对于披露协调而言，由于很少有准则会禁止企业进行某些披露，因而披露协调的重点就是要在准则中强制规定信息披露的最低限度。在实际情况中，如果所有的公司都使用了同样的计量方法（计量协调程度高），但有的公司选择在财务报告中进行披露而有的公司不进行披露（披露协调程度低），那么会计信息仍然是不可比的。故此，在研究国际会计协调效果时，要分别对计量协调和披露协调进行研究。

归纳上述种种结论，国际会计协调是指由于国际经济发展的需要，客观上要求各国在制定会计政策和处理会计事务中，在一定的范围或框架内，逐步采用国际通行的会计惯例，通过世界性的官方组织和民间组织以及各国有意识的行动，某项会计工作规范的适用范围跨越单一国家的疆界，构建一个沟通、平衡机制，采用主动或被动方式，尽量减少各国之间会计准则的差异，消除不必要的分歧，寻求各国会计准则的共性，从而使在不同国度工作的会计人员能遵循类似的，或者是趋同的，甚至是统一的会计制度与准则，以达到国际间会计行为的相互沟通、协调、规范和统一的活动。由于国际会计协调是一个渐近的过程，会计协调与趋同二者只是提出的时间和表示的程度不同，都是过程中的表现，等效是趋同的目标①。从当前世界各国制度环境因素来看，在很长时间内差

---

① 会计等效是指不同法律管辖区的会计准则具有同等效力。目前，在会计准则全球趋同的大背景下，会计准则等效具体是指在已经实施国际财务报告准则的国家或地区上市的企业，按照本国会计准则编制的财务报表不再进行调整，即使调整也只是对于个别项目作出说明或者编制极少项目的调节表，无须再按国际财务报告准则进行全面转换。

异与不平衡是必然存在的，要寻求会计准则的完全相同，是难以做到的。因此，寻求会计准则的等效才是各国明智的抉择。国际会计协调一个由弱变强的过程应该是“协调→趋同→等效→统一（Uniformity）”，这一顺序客观地描述了会计国际化的发展过程。

会计协调研究主要从四个方面展开：影响会计协调的因素、协调过程、协调的结果和后果（Rahman 等，2002）。对会计报告实务产生影响的因素包括会计监管的协调等，协调过程是减少公司报告中差异，从而使两国或者多国会计实务达到一定程度的协调的过程，协调的结果主要是指可比的会计信息，协调的后果是可比会计信息所带来的结果即更好的证券市场投资决策。

国际会计协调的最终目标是实现国际会计的全球标准化，在世界范围内，所有大公司根据单一的高质量的全球会计准则编报财务报告，建立一个全球统一的会计模式（Global Accounting），是世界各国会计活动及其规则在全球范围内的全面融合、趋于一致的过程。为此国际会计准则理事会（IASB）把“制定一套高质量、可理解和可实施的全球性会计准则”作为其目标，促使各国会计准则与国际会计准则和国际财务报告准则的趋同，实现国际会计趋同（International Convergence）。

三、参与国际协调的各类相关组织

为使协调工作能取得实质性的成果，首先必须解决这样一些问题：第一，由谁出面来进行协调？是会计团体还是非会计团体？是在民间组织之间协调，抑或是在政府这一层次之间进行协调？第二，由谁来制订国际会计准则？需要采用什么措施来保证这些准则被大多数国家所遵守？这些问题实质上是相互联系的，目前有两种截然不同的思路：第一种思路是把着眼点集中在各国政府，即由政府间组织，如联合国、欧盟等组织出面来进行协调；第二种思路是把着眼点放在民间组织上，即建立起国际会计准则的权威机构，在所属各国的会计专业团体和会计职业团体之间进行协调。本章我们重点分析政府这一层次协调的情况，民间协调的重点——国际会计准则委员会的工作我们在下一章讨论。

（一）政府间国际组织

主要包括联合国（United Nations，UN）、欧盟、经合组织、国际证券组织委员会等。

（二）非政府间组织

1. 国际银行组织

国际银行组织是支持国际会计协调活动的另一重要力量，典型的银行有：亚洲开发银行、欧洲投资银行、世界银行、国际复兴开发银行等。国际银行经常要求专门的报告，世界银行所属的国际金融公司甚至发行详细的关于会计和报告准则的指导书，对许多发展中国家产生了一定影响。

2. 国际会计师联合会（International Federation of Accountants，IFAC）

国际会计师联合会（IFAC）是会计职业界的全球性组织，其前身是会计职业国际协调委员会（ICCAP）。它成立于 1977 年 10 月，是在当时于慕尼黑举行的第 11 次国际会计师大会上创建的，有来自 49 个不同国家的 63 个会计职业团体签署了成立该组织的协定。国际会计师联合会是会计师行业的世界性组织，代表着 156 个会计师团体和 240 多万会计师。中国注册会计师协会于 1998 年 5 月正式参加 IFAC。

IFAC 的工作计划是：（1）制定一套国际审计准则，以指导各会员国的审计实务；（2）制定一套最低限度的会计职业道德准则，希望各会员国遵照执行；（3）对会计专业教育和培训提出要求，并制订计划；（4）对现行财务管理和管理会计技术和方法做出评价，并提出研究报告；（5）收集、分析和研究有关如何改进公共会计实务的资料；（6）研究会计人员所关心的其他问题，例如审计人员的法律责任问题；（7）加强与会计报表使用者，例如政府、金融机构和工会等的密切联系；（8）加强与地区性会计团体的联系，并支持它们的工作；（9）建立各会员之间的联系，以及会员同其他机构的联系；（10）收集和交换有关会计技术和会计教育等方面的资料；（11）每 5 年组织和召开一次国际会计师会议；（12）发展 IFAC 会员。

（三）其他地区性会计职业团体

包括：亚太会计师联合会（Confederation of Asian and Pacific Accountants，CAPA，成立于 1957 年）、欧洲会计师联合会（成立于 1987 年）、泛美会计师联合会（成立于 1949 年）、北欧会计师联合会、西非会计团体联合会以及东盟国家会计师联合会等。

第二节 联合国的国际会计协调

目前，会计方面唯一的国际性政府间组织是联合国国际会计和报告标准政府间专家工作组。由于联合国的席位是按地域均等原则分配的，所以对发展中国家比较有利。联合国于 20 世纪 70 年代初期就开始涉及并参与国际会计协调工作。1972 年，UN 设立了跨国公司委员会（Commission on Transnational Corporations）和跨国公司中心。1974 年 UN 在题为《在发展国际关系方面跨国公司的影响》的年度报告中指出：由于跨国公司财务报告所反映的会计信息不完整，且缺乏可比性，报表使用者难以做出经济决策，因而建议在联合国跨国公司委员会的领导下，设立一个专家工作组，制订标准化的国际会计报告准则。

一、会计和报告国际准则专家工作组

会计和报告国际准则专家工作组（Expert Group on International Standards of Accounting and Reporting）于1976年成立，成员14人，其中包括IASC主席等，但均是以个人身份出任。1977年，专家组提出名为《跨国公司会计和报告的国际准则》的报告，就跨国公司会计报表提出以下建议：（1）应包括的具体信息内容；（2）信息披露依据的会计准则；（3）应披露子公司的信息；（4）应披露各业务部的会计信息；（5）有必要披露的非财务信息，如职工雇用情况和控制环境污染的措施。但该报告未被采纳，主要原因在于专家组的成员不是各国政府的代表，缺乏应有的权威性。

二、会计和报告的国际准则特设政府专家工作组

为了加强研究结论的权威性，1979年，又成立了会计和报告的国际准则特设政府专家工作组（Ad Hoc Intergovernmental Working Group of Experts on International Standards of Accounting and Reporting），全体专家均系各国政府代表，并以拟定一套能为各国所接受的会计准则为任务。该工作组于1982年提出了一份总结性报告，列举了会计报告至少需要包括的内容，称为“最低限度项目”。各国对此意见分歧很大，美国和日本等少数发达国家出于维护跨国公司利益的需要，主张不在联合国内继续讨论跨国公司会计问题；但以77国集团为主的大多数发展中国家则主张联合国采取措施，继续工作。最后联合国采纳了多数国家的意见。

三、会计和报告的国际准则政府间专家工作组

1982年，一个永久性的组织“会计和报告国际准则政府间专家工作组（Intergovernmental Working Group of Experts on International Standards of Accounting and Reporting，ISAR）”宣告成立，这是唯一一个致力于公司层次的会计和审计工作的政府间工作组。该工作组由34个成员国政府的代表组成，隶属于经社理事会下设的跨国公司委员会，定期举行会议。最初，34个成员国名额在各地区间按一定的比例分配，每届代表资格任期3年，3年期满可申请继续参加竞选，并可连选连任。专家工作组的宗旨是促进会计标准在国际间的协调，以便为企业会计报表的使用者提供可比和透明的会计信息。该专家工作组行使以下职责：（1）考虑属于跨国公司委员会工作范围内的国际会计和报告问题；（2）考虑特别小组的工作；（3）与有关国际组织进行协商；（4）向经社理事会提交实现会计国际协调化的长期目标应采取的进一步行动的报告。

1994年，由于联合国经社理事会下设的跨国公司委员会并入贸发会国际投资和跨国公司委员会（现更名为投资、技术和金融委员会），国际会计和报告标准政府间专家

工作组从所属的联合国经社理事会转至贸发会。自 1995 年起，根据联合国贸发会的规定取消了对国际会计和报告标准政府间专家工作组成员国数目的限制，所有贸发会成员国均可派代表参加会议。因此，专家工作组会议的参加人数明显增多。1998 年，参加专家工作组会议的有来自专家工作组的 50 多个成员国和观察员国以及 20 多个国际组织和国家组织的代表共达 140 多人。

自 1983 年起每年召开一次会议，就一些会计问题进行讨论并发布公告。从 1983 至 2011 年已召开 28 届会议，中国每次均派代表参加，从未间断。各次会议情况如表 9－1 所示。

表 9－1　　会计和报告的国际准则政府间专家工作组历次会议概况

届数	召开时间	会议内容
1	1983.2	讨论了工作组的任务和方案。
2	1984.3	讨论了四个专题：某些资本项目的变动、转移价格的制定、政府补贴以及增值额问题。
3	1985.3	讨论了立法支持会计准则、稳健原则问题、准备金的核算、外币折算、研究和开发费用的核算、会计人员的教育与培训。
4	1986.3	讨论了投资的核算、关联方交易披露、技术转让收入与费用核算、固定资产核算、折旧会计、审计师与非财务性资料的责任等问题。
5	1987.3	讨论了跨国公司应否公布和怎样公布会计资料的问题，此外还有企业合并会计、收入的确认、存货估价等。
6	1988.3	讨论了当前跨国公司会计和报告方面的重要发展、会计和报告的基本目标与基本概念、合并报表、分部信息等。
7	1989.3	继续讨论了当前跨国公司会计和报告方面的重要发展、通货膨胀等问题。
8	1990.3	继续讨论了当前跨国公司会计和报告方面的重要发展、退休金核算等问题。
9	1991.3	继续讨论了当前跨国公司会计和报告方面的重要发展、环境保护会计等。
10	1992.3	继续讨论了当前跨国公司会计和报告方面的重要发展、转型国家会计问题。
11	1993.3	主题是会计教育和培训问题。
12	1994.3	审查跨国公司会计和报告在全球一级的重要发展、新金融工具、租赁会计。
13	1995.3	主题是环境会计。
14	1996.7	主题是：（1）商业银行的会计和报告；（2）政府特许会计。

续表

届数	召开时间	会议内容
15	1998.2	环境会计和专家工作组当前的任务。
16	1999.2	主题是：（1）职业会计师资格的国际标准；（2）亚洲金融危机会计审计研究。
17	2000	中小企业会计，财务业绩指标与环境业绩指标的结合，公司治理协商会议。
18	2001	中小企业会计，公司治理。
19	2002	公司治理，中小企业会计。
20	2003	公司治理的透明度与披露案例分析，公司社会影响披露，修订后的 ISAR 课程模块。
21	2004	公司责任报告，修订后的 ISAR 课程模块，公司治理披露。
22	2005	现行国际财务报告准则，公司责任报告，公司治理披露。
23	2006	国际财务报告准则的实施案例分析，公司责任报告，公司治理披露。
24	2007	国际财务报告准则的实施案例分析，公司责任报告，公司治理披露。
25	2008	国际财务报告准则的实施案例分析，中小企业会计，公司责任报告，公司治理披露。
26	2009	国际财务报告准则的实施，中小企业会计，公司责任报告，公司治理披露。
27	2010	高质量公司报告的建设框架，公司治理披露，环境会计与报告（聚焦与气候变化相关的披露）。
28	2011	高质量公司报告的建设框架，整合报告和与气候变化相关的披露，公司治理披露。

经过 20 多年的努力，ISAR 在会计国际协调化方面取得了一定的成果，特别是在环境会计和会计教育方面。在第 15 次年会（1998）上通过以及在第 17 次年会（2000）上通过了《企业环境业绩与财务业绩指标的结合》是 ISAR 就环境问题所发布的一系列指南中的两个重要指南，其中的《环境成本与负债的会计和财务报告》是第一份环境会计与报告的国际指南，其目的在于协调跨国公司的环境会计实务，《企业环境业绩与财务业绩指标的结合》为企业把环境业绩与财务业绩指标结合起来使用，以衡量企业在经济效益和可持续发展方面的进步提供了一种方法。

ISAR 在第 16 届年会（1999）上通过了《职业会计师资格评价国际指南》和以英国特许注册会计师协会（ACCA）的课程大纲为蓝本的《职业会计师专业教育国际大

纲》，前一份文件提出了包括普通教育和技能、职业教育、专业能力、实践经验、继续教育等五个要素的职业会计师资格标准，后一份文件可以作为世界各地职业会计师考试课程设置方面的一个衡量标准。ISAR 一年一度的年会为交流国际组织和各国在会计领域的成就以及讨论跨国公司会计与报告问题（特别是发展中国家所关心的那些问题）提供了一个具有权威性的国际论坛。通过这个论坛，发展中国家的代表可以参与讨论会计准则的协调化和跨国公司财务报表的可比性问题，从而有力地推动了会计国际协调化进程。但是，由于 IASR 的主要任务是回顾跨国公司会计与报告的发展和国际会计准则的推介，而不是制定国际会计准则，ISAR 在会计国际协调化过程中发挥的作用也就以此为限。

第三节 欧盟的国际会计协调

欧洲联盟（简称欧盟）目前有 15 个成员国，并且仍在继续向东欧和南欧扩展。欧盟是目前在地区性会计协调工作中取得最大成就的政府间国际组织。欧盟的目标之一是统一欧洲的金融市场，为了实现这个目标，欧盟委员会颁布了许多指令，并采取新的行动以形成单一的市场在欧盟范围内筹集资本，对证券和衍生工具市场建立统一的法律框架，对上市公司采用单一会计准则。

一、欧洲会计协调的早期活动——第四号和第七号指令

欧洲会计协调的早期活动，是通过欧盟制定和颁布一系列指令来实现的。其中影响最大的指令是 1978 年制定的第四号指令和 1983 年制定的第七号指令。人们通常所说的欧洲会计模式，主要内容就是源自于这两号指令。欧盟第 4 号指令概览如表 9－2 所示。

表 9－2　　欧盟第 4 号指令概览

条款类别	具体内容
条款 1	指令的适用范围
条款 2	定义年度报告；真实公允观点，在某些情况下优先于特定的规定；这些特殊情况由成员国根据其会计体系自行确定。
条款 3－7	关于一致性和财务报表具体格式的一般规定
条款 8－10	资产负债表的两种格式：账户式和报告式
条款 11、12	允许小型企业公布较为简略的资产负债表

续表

条款类别	具体内容
条款 13、14	关于信息披露的详情，尤其是或有负债项目，英国要求列示，而别国则不要求。
条款 15-21	资产和负债的定义及披露
条款 22-26	规定可供成员国选择的四种损益表格式
条款 27	允许中等规模的企业免予披露收益总额的有关组成部分
条款 28-30	有关损益表项目的定义
条款 31、32	计价的一般规则。以历史成本为基础，也允许使用现行价值。此项指令发布时，英国、爱尔兰以及荷兰的准则制定机构鼓励对现行成本会计的采用。
条款 33	通货膨胀或特定物价变化会计处理的解释
条款 34-42	一些资产负债表项目计量和披露的详细要求
条款 43-46	年报须予以披露的事项，包括报表注释；小型企业可免部分要求；对欧盟成员国中现存实务进行了折衷，在存有严重冲突时，规定了选择项。
条款 47-51	报表的审计与公布；小型企业可免公布损益表，中型企业可适当简化资产负债表及报表注释
条款 52-62	解决指令应用及过渡阶段可能碰到的问题

第4号指令是为了实现财务信息的可比性和同等性而制定的，由于是有关年度财务报表的全面规定，因而涉及财务会计和财务报表一系列原则（特别是计量原则）和方法，总的看来，它综合了英国会计和大陆会计的特点，并在一定程度上发挥了它的协调作用，把必要的统一性和较大的灵活性相结合。其中一个最突出的表现是采用了英国会计长期遵循的“真实与公允”观点作为欧盟国家编制财务报告的指导思想，这势必约束和限制欧洲大陆国家那些任意地低估资产价值和预计负债计入损失的传统惯例。这正是欧洲会计协调化的具体目标之一。1983年制定的第七号指令是对第四号的补充，其目的在于协调各成员国在企业集团合并财务报表方面的准则。

二、欧盟会计协调所遇到的困难

早期欧洲会计的协调较表面化、形式化。欧盟委员会会计准则的负责人 Harel Van Hulle 是这样描述会计协调效果的：“必须承认，通过协调达到的可比性与期望值相距甚远。第一，会计指令只包含最起码的要求，它们没有涉及大量的重要会计问题。第二，各成员国不能保证用相同的方式理解指令条款。会计指令的联系委员会处理了大量涉及对指令的解释问题，其他问题迟迟得不到解决。要在这些问题上达到一致的立场非常困难，因为指令的文本给使用者留出了太大的解释空间，而各个成员国又不准备在理解问题上采取折中态度。”

以欧洲各国会计的首要前提“真实与公允观念”（TFV）为例，就非常能说明问题。随着1978年第四号指令的实施，英式TFV观念在欧洲内部开始了长达二十多年的协调过程，但这个过程进行得并不顺利，协调效果也远不及人们所期待的。这表现在：（1）从实施的时间上看，各成员国远没有在设想的1980年7月之前实施这项指令。实际上，丹麦、爱尔兰和英国直到1981年才开始实施，法国和荷兰则在1983年，比利时和卢森堡在1985年，意大利、西班牙、希腊和葡萄牙更在其后，而德国一直就对指令持一种冷淡的态度。（2）从各国的语言翻译和定义看，一个奇特的现象是，它在不同语言中产生了不同意思。除了定义的区别外，仅仅从翻译看，大多数国家只用一个形容词来翻译“真实与公允”，如丹麦、法国、意大利、葡萄牙和西班牙翻译为“信任（Faithful）”，德国翻译为“按照事实（According to Fact）”，希腊翻译为“实际（Real）”等。所有这些翻译只有单一词义，与英国的双重词义“真实与公允”并不同，那么，这两个词之间的本质差别仅仅在文字转移时就被抹杀掉了。（3）从各国的实施态度看。英国学者C·W·诺比斯把欧盟各国对包括TFV在内的第四号指令的实施态度归纳为三类：让指令占领统治地位（英国和爱尔兰）；将指令作为标志着自己已接受盎格鲁－撒克逊文化的一种“摆设”（丹麦、法国、西班牙、葡萄牙等）；无视指令，本国法律凌驾于指令上（德国）。

三、欧盟会计协调的新战略——与国际会计准则委员会（IASC）的合作

正当欧盟进退两难时，国际会计准则委员会（IASC）却取得了令人瞩目的成绩。1995年11月欧盟委员会决定采取新的会计战略加强与IASC的合作，即：（1）欧盟认为与其修改现存的指令，倒不如与IASC和证券委员会国际组织（IOSCO）共同合作，制定一套公认的国际会计准则来推进目前的欧洲会计协调。（2）欧盟不再打算制定欧洲统一会计准则来取代IAS，它只对IAS及其解释的使用进行监督，当发现存在不符合欧盟特点的缺陷时，才予以干涉。1996年10月，法国政府向立法机构提案，希望法律允许法国上市公司背离法国会计准则。1996年12月德国公布新的立法草案，跨国公司可以采用IAS/GAAP编制合并报表。这意味着欧盟内部的成员国已经开始了会计国际化的步伐。

随着1999年1月1日欧元的启动，欧盟建立统一金融市场的计划正式开始，作为市场基础设施之一的会计准则的改革迫在眉睫。并且，欧盟委员会研究表明当时的IAS与欧盟指令无重大冲突。2000年6月13日，欧盟理事会发布了一份备忘录《欧盟财务报告战略：未来走向》，实质上已经确定了欧盟会计准则向IAS靠拢的决心。2002年7月19日，欧洲议会和欧盟委员会在布鲁塞尔召开大会，讨论通过“关于运用国际会计

准则的第1606号（2002）决议"，要求欧盟所有的上市公司自2005年1月1日开始采用IAS/IFRS编制合并报表。

四、欧盟接受国际会计准则决议出台后所作的努力与协调

接受IAS决议出台后，为了解决欧盟法令和IAS的差异，并实现向IFRS的平稳过渡，欧盟陆续对各项会计指令进行更新，剔除了原有指令中与国际会计准则中不一致的部分。2003年1月和5月，欧洲议会和欧盟财政部长理事会相继通过了修订后的第4号和第7号指令，并正式具有法律效力。修改的指令要求所有欧盟上市公司自2005年起使用国际会计准则并允许成员国扩展此要求到所有公司。2003年9月，欧盟委员会正式批准了所有现有的国际会计准则（IAS32和IAS39及相关指南除外）在欧洲使用。2006年3月23日，欧盟委员会和欧洲财务报告咨询组正式就IFRS在欧洲的应用问题签署工作协议，再次确认了欧洲财务报告咨询组（EFRAG）的工作范围及其与欧盟委员会的关系。根据该协议，EFRAG将继续作为咨询者，向欧盟委员会提供认可建议，同时也向国际准则制定机构IASB和国际财务报告解释委员会提供技术建议。

2010年2月8日，国际会计审计发展大会在比利时布鲁塞尔举行。欧盟自2005年1月1日起，已连续5年按照国际财务报告准则编制上市公司合并财务报表。欧盟证券监管机构委员会（CESR）财务信息组主席费尔南多·雷斯托伊代表欧盟介绍了实施国际财务报告准则的经验和挑战。他在演讲中表示，5年来国际财务报告准则在欧盟各成员国的实施是平稳的、成功的，主要基于以下四方面的原因：（1）有相对较长的过渡期；（2）上市公司、注册会计师和监管机构之间建立了经常性的沟通机制；（3）监管部门及时给予操作指引和专业指导；（4）较高的透明度使投资者及时调整自我，适应新准则带来的变化。随着IASB对原有IAS的修订及推出新的IFRS，欧盟委员会认可实施的IAS/IFRS的范围越来越大，可以说，目前欧盟与IASB的合作和对IAS/IFRS的认可已经达到了一个空前的水平。

第四节　经合组织与国际证券组织委员会的国际会计协调

一、经济合作与发展组织

经济合作与发展组织（Organization for Economic Cooperation and Development，OECD）成立于1961年，由24个经济发达、工业化、市场经济国家组成，主要是代表

经济发展国家的利益，是 IASC 的观察员，主要宗旨为：（1）在维持各成员国金融稳定的同时，谋求持续的高经济增长；（2）在促进成员国经济稳定发展的同时，促进非成员国经济的发展；（3）在非歧视性原则上发展国际贸易。OECD 主要通过其管理机构以及 200 个委员会组成的网络和工作组开展工作。它每年出版三期《金融市场趋势》，对国际和 OECD 成员国国内金融市场的趋势和前景进行评估，并对证券市场的结构和法规进行说明和分析。由于主要由工业化和市场经济国家组成，OECD 通常是其他一些组织（如联合国和国际自由贸易联盟）的抗衡力量。

1976 年 6 月，它发布了《国际投资及跨国公司宣言》，这一宣言的附件《跨国公司行为指南》包括信息披露的原则及项目。1978 年，OECD 设立了会计准则特别工作组，任务是：（1）支持现有的增进各国会计信息可比性所作的努力；（2）解释 1976 年指南中信息披露所含的会计术语；（3）对联合国关于会计和报告国际准则的工作进行沟通并发表意见。1980 年发布《经济合作与发展组织成员的会计实务》，1982 年发布《会计协调系列丛书》等文件，1999 年，它与美国国际开发协会（USAID）一起组建了一个地区性会计团体：欧亚会计师审计师联合会，主要包括了从前苏联独立出的各国。此后，OECD 相继出版了《创新金融工具披露与会计》（1988）、《分部财务信息》（1990）、《公共预算与会计改革的模式》（2001）等出版物；1990 年，OECD 成立"欧洲过度经济中心"，该中心与欧洲会计师联合会一起组织和召开研讨会、讲座和会议，共同研究东欧国家和前苏联国家的会计改革问题。该中心的建立为这些转型国家与发达国家在会计发展方面的联系搭起一座桥梁，同时，也成为讨论转型国家会计制度发展的论坛。

回顾 OECD 对于会计国际协调化所做的努力，我们可以看出，OECD 在会计国际协调中的作用是有成效的：（1）其著名的《跨国公司行为指南》，较早地意识到跨国公司信息披露的问题，建议跨国公司通过自动的信息披露来消除东道国的不信任，缓和当时国际上普遍存在的对跨国公司的批评，也起到了回避国际法律规范的作用；（2）OECD 的会计准则常设工作组对部分会计用语的含义进行了明确阐释，从而增进了会计在各成员国间的可比性和可理解性；（3）OECD 召开的研讨会、出版的研究成果以及它与 IASC 及其重组后的 IASB 等国际组织之间的联系都为会计国际协调化作出了应有的贡献。

但是，OECD 成员国更多的是扮演跨国公司母国的角色，出于维护跨国公司利益和有利于国际资本流动的长远目标的考虑来进行会计国际协调。出于这样一种利益所在，OECD 在会计国际协调进程中，并不期望成为会计准则制定主体，也不谋求成为会计协调化的一支主导力量。它的根本目的就是为了促进国际资本流动，维护其成员国的利益，同时避免其他国际组织的干预。因此，OECD 在会计国际协调化中的作用仍然是有限的。

二、国际证券组织委员会（IOSCO）

它建立于1987年，前身是美洲证券委员会协会，是一个世界性的官方证券管理机构。它由各国政府代表参加，这些代表在自己的国家里既是证券市场的管理者，又是证券市场法规的制定者。IOSCO目前已有150个国家和地区的代表，已涉及全世界85%的资本市场，中国证券管理委员会也是该组织成员之一。IOSCO的目标是促进跨国证券的上市和交易，促进国际间的信息交流，建立保护投资者的充分的准则，为有效监督和执行提供互助。为了促进企业在全球证券市场中有效地筹集资本，IOSCO也致力于国际信息披露和会计准则方面的工作。2000年5月，IOSCO推荐了IASC的30份准则，公司可按IAS编报要求，在证券市场中跨国上市（只有美国和加拿大例外）。

2002年IOSCO第27届年会，报告了于2001年末就其成员接受2000年版国际会计准则的情况进行的一项跟踪调查的结果。调查结果显示许多成员机构的国家已经允许未来跨国发行人使用国际会计准则。2004年IOSCO在第29届年会上表示，它将继续保持与国际会计准则理事会的密切合作。IOSCO的技术委员会已经启动"国际财务报告准则的规定性解释"课题，涉及其成员有关促进IFRS一致使用和执行的交流意见；启动的另一项新课题是"财务报告准则应用的评审与执行"，专门研究证券监管机构及其他机构评审上市公司财务报表的活动和权力范围。2005年3月初，IOSCO发布了《强化资本市场反财务欺诈工作》报告。这份由其技术委员会完成的报告，是对安然事件以来重大财务欺诈案的研究，实际上也是一份向IOSCO和全世界证券监管机构提出强化监管、打击欺诈的建议。其目标是找出资本市场面对财务欺诈时可能存在的监管弱点，进而确定应如何弥补这些弱点。技术委员会确定的两条操作性的优先方案就是促进已经制定的国际原则和准则的执行，推动跨国执行的合作。在操作层面上，2005年10月，IOSCO宣布成立了一项在各国监管者之间形成分享信息的新机制，使各国监管者能够就国际财务报告准则的应用问题相互交流意见。2006年IOSCO在第31届年会后发布的公报认为，IFRS即将带来高质量国际准则的新纪元，并将向投资者提供评价投资决策更好的方式。但同时也必须认识到，在短期内关于IFRS应用问题的争论仍在日益深化。

第五节 美国的国际会计协调

美国国际会计协调化的态度经历了一个复杂多变的过程，具体可以分为三个阶段：消极阶段、观望阶段与积极阶段。

一、消极阶段

1973年IASC成立。虽然美国是IASC的发起国之一，但是英国是IASC的实际主导者，FASB只是以观察员的身份参加了IASC，基本上没有介入IASC的工作。此时美国并不认可国际会计准则。FASB认为，美国的财务会计准则对资本市场拥有巨大的影响力，其自身制定的财务会计准则才是世界上最好的会计标准。美国证券交易委员会（SEC）也持同样观点，要求所有到美国证券市场上市融资的外国公司，都必须按照美国公认会计准则（GAAP）编制财务报告，而不是按照IAS编制财务报告。美国坚持使用其国内公认会计原则的主要原因是：（1）接受外国公司按国际会计准则编制的财务报表会增加投资者成本；（2）缺乏全球性财务会计报告基础设施；（3）国际会计准则（IAS）的质量还有待进一步验证；（4）缺乏全球性管理和解释机制。可以这么说，在相当长的时期内，美国对IAS的态度是消极的。

二、观望阶段

20世纪90年代，随着经济全球化的发展及生产要素国际间的频繁流动，国际资本开始活跃起来，越来越多的大公司开始寻求到国外资本市场融资。随着跨国融资活动的增加，外国公司寻求到美国上市的情况也日益普遍。这些外国公司在美国上市面临的一个严峻问题是，它们的财务报表必须按照美国“公认会计原则”的要求加以编制或作出调整，这无疑增加了这些公司的负担。为了降低交易成本，有些外国公司迫不得已只好放弃在美国上市的机会，转而在接受国际会计准则的国家寻求上市。

1991年，FASB发表了一份《开展国际活动的战略计划》，首次正式提出在美国会计准则与其他国家会计准则以及IAS之间取得更大可比性的目标，并明确表示支持国际性会计准则的制定。美国学者也开始重视美国公认会计准则的国际协调问题。1996年，美国国会要求SEC报告IASC的进展情况，并希望能够成功制定一套国际公认的会计准则，以供希望在美国上市的外国公司使用。但SEC对此却并不热心。1997年，时任SEC主席的Arthur · Levitt指出，高质量会计准则应该能够提高可比性、透明度和充分的信息披露。这些言论，主要是讲给IASC听的。然而随着IASC核心准则的完成以及IOSCO、欧盟和其他发达国家对IASC的支持，美国认为，FASB已不可能取代IASC，SEC也不可能绝对控制IOSCO，由此，美国对会计国际协调的态度开始有了很大的变化，由原来的消极转化为观望。从1999年开始，FASB与其他一些国家准则制定机构一起被邀请参与IASC的改组工作。在IASC改组过程中，美国坚持新的准则制定机构成员必须由以个人名义参加的会计专家担任，而不代表国家。2001 年 1 月 25 日，新的准则制定机构“国际会计准则理事会”（IASB）的全部 14 位理事宣告产生，来自美国的专家就占了 5 位，其中 2 位还来自于 FASB。

三、积极合作阶段

21 世纪初，美国连续爆发了一系列以安然事件为代表的重大财务丑闻，美国会计准则的弊端逐渐暴露出来，从而引发了美国国内对 GAAP 的批判。与此同时，世界各个主要国家和组织，包括澳大利亚、欧盟等纷纷发表声明准备采用（或者准备趋同于）IASB 发布的国际财务报告准则，在 FASB 的声望遭受打击之际，IASB 的权威性反而迅速上升。美国对会计国际协调的态度发生了根本性的变化，态度上已由观望走向积极合作。FASB 决心开始全方位介入 IASB 并与之合作，凭借美国超级大国的地位，能最大限度地获取 IASB 的控制权。而 IASB 在其权威性迅速上升之时，要取得更大的成就，也必须与 FASB 加强合作。

2002 年 9 月，FASB 与 IASB 签署了一份重要协议，双方同意在 2005 年前将它们的准则基本上达成相互协调，并赞成 IASB 的“以原则为基础的方法”而不是 FASB 的“以规则为基础的方法”。双方保证尽最大努力：（1）使其现行财务报告准则具有充分可比性；（2）协调其未来工作计划以确保所制定的准则具有可比性。为满足可比性要求，FASB 和 IASB 一致同意将优先考虑：（1）实施短期的趋同合作项目，目的在于消除美国 GAAP 与 IFRS（包括 IAS 在内）之间大量的个别性差异；（2）通过未来工作计划，也就是说，通过采取双方一致同意的各个独立的重要合作项目，消除 IFRS 和美国 GAAP 之间至 2005 年 1 月 1 日仍存在的其他差异。这表明，FASB 在对待会计国际化的态度上已由观望走向积极合作。

2005 年 6 月举行的美国 SEC 第 24 届年会上，FASB 主席罗伯特·赫兹在发言里提到，FASB 将会把精力集中于三个关键的战略目标：会计准则改善、简化以及国际趋同。2006 年 7 月，FASB 与 IASB 联合发布了《财务报告概念框架：财务报告目标与决策有用的财务报告信息的质量特征（初步意见）》。2007 年 6 月 SEC 宣布，从 2008 年年报开始，在美发行证券的外国公司将可按照国际财务报告准则编报，免于编制调节表，但该公司必须完全遵循 IASB 发布的英文版国际财务报告准则（IFRS）。

2008 年 8 月 SEC 发布了一份采用 IFRS 路线图的征求意见稿，包括的主要内容如下：（1）允许合乎一定标准的美国上市公司在 2009 年 12 月 15 日之后开始的会计年度报表中使用 IFRS。据美国证券交易委员会估算，这大约涉及 110 家美国上市公司，市值合计占美国资本市场总市值的 14%；（2）SEC 将于 2011 年正式决定是否强制采用

IFRS；(3) 如果2011年SEC决定强制采用IFRS，这一决定将分三阶段推进，即：美国上市的“大型加速报告公司”自2014年开始强制采用IFRS；其他“加速报告公司”自2015年开始强制采用；非“加速报告公司”自2016年开始强制采用。“大型加速报告公司”和“加速报告公司”，分别指会计年度中第2季度最后一个营业日的流通市值超过7亿美元和7 500万美元的美国上市公司。

2010年2月，SEC为采用IFRS制订了一套具体的工作计划。按照这一工作部署，SEC开始对社会公众关注的六大领域问题进行跟踪研究，并陆续发布进展报告，为证监会在2011年做出是否采用IFRS的决定提供相关支持。计划的主要内容具体包括：国际财务报告准则的有效制定与实施、独立的准则制定程序、投资者的理解程度与相关培训、对监管环境的影响、对上市公司的影响、人才准备情况等。

FASB近年来与IASB的关系较为融洽，主要有以下几个原因：一是受国内外各方面的压力，FASB已充分意识到与IASB协调的必要性和迫切性；二是IASB的影响日愈扩大，大多数国家和地区均认同IASB是建立全球通用会计语言的适当机构；三是IASB基本上是按照美国的意愿以及FASB的模式改组而成的，在FASB的理事成员中美国占据了较多的席位不说，就连FASB的新任主席罗伯特·赫兹也是刚从IASB回来的。在FASB与以前的IASC的竞争中，FASB的策略是高明的，既然不能挤垮IASC，倒不如借IASC改组之机在改组后的IASB中取得“主发言人”的地位。理解了FASB这种策略，就不难理解近年来FASB为什么一反常态积极主动地与IASB合作的理由了。

?-思考练习题

1. 你认为在协调国际会计准则方面有哪些比较迫切的理由？

2. 围绕UN、OECD、IOSCO等组织所具有的作用、开展的活动，评论其对会计计量和披露的影响。

3. 评价欧盟的会计协调活动，它与UN、OECD有哪些不同？

4. 讨论欧盟第4、7号指令的重要性及其对成员国会计实践带来的重大影响。

5. 你对国际会计准则协调的前景抱什么态度？理由是什么？

6. 进一步探讨国际会计的协调化、标准化、统一性和可比性之间的关系。

7. 对推动国际会计协调化的有关国际会计组织的性质、作用和成果做一简括的评价。

8. 欧洲联盟是推动会计协调化最具成效的区域性国家联盟，它的独特作用发挥在哪些方面？

9. 你对美国的国际会计协调活动有何评价？

10. 从财务报表使用者的角度分析问题，什么是会计差异的最重要类型，计量还是披露？对于达成国际会计协调而言，哪一个领域最重要？

第十章

国际会计准则委员会与国际会计准则

本章学习目标

1. 了解 IASC 的目标和制定程序；
2. 熟悉 IASC 各阶段的发展战略；
3. 掌握 IASC 存在的问题以及 IASB 的工作；
4. 掌握中国会计准则的国际趋同路径。

国际会计准则委员会（IASC）是一个独立的非官方国际会计组织，成立于 1973 年 6 月，其宗旨和目的是：（1）本着公众的利益，制定和发布财务报表所应遵循的会计准则，并维护其在世界范围内被接受和遵循；（2）为实现各国之间与财务报表的表述相关的会计管制、会计准则与会计程序的协调而努力。IASC 最初的发起国为澳、加、法、德、日、墨、荷、美和英九国，截至 2008 年年底，其会员已经包括了来自 120 个国家的 160 个职业会计组织，我国也已于 1998 年 5 月加入 IASC，同时也是理事会的观察员。

第一节　IASC 概述

会计国际化的思想可以追溯到会计最初的发展，因为，会计思想与方法在国际范围内的传播就表明，会计是国际化的。但是，真正尝试对会计准则进行国际化协调的努力，应当是 1973 年国际会计准则委员会成立之后了。

一、成立的背景

1966 年，由当时英格兰和威尔士特许会计师协会会长 H. 边逊爵士（Sir Herry

Benson）发起，联合美国和加拿大的会计师协会共同组成会计师国际研讨组（Accountants' International Study Group，AISG）。这个研讨组的任务就是对美、英、加三国的会计准则、会计实务进行比较研究，并发表研究报告。1968 年，发表了第一份研究报告，题为《三国对存货的会计和审计方法》。当时的研究组组长楚布拉德（R. M. Trublood）在报告的序言中写道："希望我们这部丛书成为职业会计师在国际合作领域中的一个里程碑。"国际研讨组的活动不是以直接制定国际会计准则为目的的，但却朝着制定国际会计准则这个方向迈出了第一步。

AISG 发布了 20 个研究成果，人们对研讨组的活动应该给予肯定的评价。但是，要谋求会计问题的国际协调统一，只凭三个国家的研究组的活动是不可能实现的。从这一考虑出发，为了把研讨组发展成真正的国际化组织，1972 年在悉尼召开的国际会计师大会上，H. 边逊爵士就成立国际组织的必要性问题向各主要国家积极地进行倡导。会后，成立了会计职业国际协调委员会（International Coordination Committee for the Accounting Profession，ICCAP）。ICCAP 的宗旨是对会计职业道德、会计教育和培训，以及有关建立地区性会计机构等问题进行专题性系统研究，克服以往国际会计师大会各届会议主题彼此孤立、没有连续性的弊端。参加的国家有 12 个西方主要国家。通过这个组织的主要成员国，特别是美、英、加、德等国的有关人员的协商，提出了设立国际会计准则委员会的方案，后来经过 1973 年 3 月的准备委员会的筹备，1973 年 6 月，国际会计准则委员会（IASC）在英国伦敦成立。国际会计准则委员会的成立可以看做是国际会计发展的分界点。1972 年以前，不同国家会计师的集会和讨论主要侧重于地区性的会计问题，在减少各国会计实务的差别方面没有作出任何努力，而国际会计准则委员会的成立标志着民间会计职业组织开始了全球会计协调化的努力。

二、IASC 的目标

国际会计准则委员会成立于 1973 年 6 月 29 日，是澳大利亚、加拿大、法国、联邦德国、日本、墨西哥、荷兰、英国和美国的会计界组织之间达成一项协议的结果，是个国际民间组织（Non - governmental Organization，NGO）。当时，国际会计准则委员会的理事会便由这些国家组成。经过修改的协议和章程签署于 1982 年 11 月。国际会计准则委员会由理事会执行日常工作。理事会最多包括十三个国家的代表和四个在财务报告方面利益相关的组织的代表。IASC 的目标在不同的时期可分为以下四个主要提法：

（一）1978 年的目标

在 1978 年，IASC 的目标定位只是为了推动国际会计准则在世界范围内被接受和遵守，成员国应劝说各国政府和证券管理机构（没有准则制定机构）遵守国际会计准则，并要求审计师对不遵守也不揭示的企业，在审计报告中予以说明。

（二）1983 年的目标

1983 年，IASC 在章程中规定的目标有所变化：首先它表明 IASC 对国际会计准则的制定具有完全和充分的自主权；其次它要求成员国劝说政府，特别是准则制定机构在所有重要方面遵守国际会计准则，并揭示这一事实；另外还删除了如企业不遵守国际会计准则应如何处理的陈述。

（三）1992 年的目标

1992 年，IASC 具体目标较以前又有所突变。它要求：（1）相似的交易在全球以相似的方式进行处理；（2）无论交易或事项在何处发生或报告，其会计处理和报告应该是相同的。财务报表的使用者可以将不同企业的财务报表进行比较，而不问这些企业设在何处。这标志着 IASC 已经趋向于把建立"全球会计"作为它的目标了。

（四）2001 年的目标

2001 年，重组后的 IASC 将目标定位于：（1）制定一套高质量、可理解和可实施的全球会计准则，这套准则要求财务报表和其他财务报告提供高质量、明晰且可比的信息；（2）促进这些准则的严格运用；（3）实现国际会计准则与各国准则的趋同化。其目标在立场上和态度上发生了质的转变，这突出表现在第一次在章程中使用了"全球会计准则"这一概念，而且指明这一全球会计准则是具有强制性的、可实施的，这表明 IASB 在战略上已经从协调发展到标准化甚至统一化的倾向。

三、IASC 的组织结构

国际会计准则委员会的组织结构有如下几个：

（一）国际会计准则委员会理事会（IASC Board）

理事会成立于 1973 年，成员包括职业会计师团体，也包括其他利益集团。理事会作为最高执行机构，负责批准国际会计准则和征求意见稿的发布。IAS 的制定工作由理事会承担，并有专职秘书协助。从 1983 年起，理事会成员国达到了 17 个：由十三个国家的会计职业团体的代表（9 个或 10 个为发达国家，4 个或 3 个为发展中国家）以及不超过四个在财务报告方面利益相关的其他组织的代表（包括世界银行等）组成。理事会成员任期两年半，中国于 1998 年 5 月加入 IASC 的同时，成为理事会观察员，参加了理事会各次会议。

（二）国际会计准则委员会咨询团（Consultative Group）

咨询团成立于 1981 年，包括代表报告编制者和使用者的国际性组织、证券交易所、证券监管机构的代表，以及来自发展研究机构、准则制定机构、政府间组织的代表或观察员。咨询团主要是与理事会讨论国际会计准则的技术性问题、工作计划和 IASC 的战略，直接影响国际会计准则的制定。咨询团包括了与财务报表使用者和编制者有关的国际组织以及证券交易所和证券监管部门的代表。咨询团还包括开发机构、会计准则制定机构以及政府间组织的代表或观察员。

（三）国际会计准则委员会顾问委员会（Advisory Council）

顾问委员会成立于1995年，集中了来自会计职业界、企业界、其他财务报告使用者团体的高素质精英和头面人物。顾问委员会的目标是，确保执委会在对拟就的IAS作出技术决策时其独立性和客观性不受损害。顾问委员会不参与、也不寻求影响这些决策。顾问委员会在保证IASC独立性的前提下，为IASC募集资金。

（四）战略工作组（Strategy Working Party）

1998年成立，负责研究IASC在完成核心准则以后的战略和组织结构、IASC的运作程序、与各国会计准则制定者的关系，以及IASC的教育培训和资金筹集。SWP现有13位成员，包括IASC的主席、副主席和秘书长，以及FASB和英国会计准则委员会（ASB）的代表。

（五）国际会计准则委员会常设解释委员会（Standing Interpretation Committee，SIC）

该委员会在IASC《财务报表编报的框架》范围内，考虑在缺乏权威指南的情况下，及时地对现行IAS可能产生歧义或不可接受的会计处理的有关问题进行解释。这些问题一般分为两类，一类涉及现行IAS范围内产生不能令人满意的会计实务的老问题；另一类是与现行IAS相关，但在制定准则时没有考虑到的新问题。解释往往首先考虑那些与跨国公司和跨行业经营的实务普遍相关，而非单纯为学术界所关心的会计问题。

四、国际会计准则制定程序——使用者导向

IASC在制定、发布国际会计准则时，采用了一套较完整的程序，称为“充分程序”，所体现出的使用者导向十分鲜明。而且发布的准则与美国、英国、澳大利亚和加拿大等许多国家准则的风格和形式相同。其指定程序大致如下：建议新项目→列入计划内→研究资料、撰写大纲→公布规划草案→提交最终草案→发布征求意见稿→通过国际会计准则草案→公布国际会计准则。随着战略的转变，IASC有关准则制定的程序也发生了改变：开始选定的利益集团范围很窄，主要是会计团体、银行、国际经贸组织；准则制定中有关草案、筹划委员会的议事内容，草案的批准、对征求意见稿的返回意见稿均不对外公开。从第32号征求意见稿开始，IASC引入了新的谈判与反馈程序，主要是参照美国财务会计准则委员会采用的程序，向大范围的公众利益集团征求意见，对外公开征求意见稿，召开听证会，对征求意见稿返回意见的期限进行明确的规定，及时反映修改征求意见稿的进展情况，在最后形成准则时有详细的文档说明理事会成员对准则的意见。从内部的、小范围的运作到对外公开的、大范围的准则制定和反馈，体现了IASC为了配合其战略实施、为公众利益服务的主旨，而主动吸引多个利益相关集团加

入准则制定或通过返回意见的方式影响准则的制定，以反映其利益要求，这也就赢得了它们对国际会计准则的认可和支持。

IASB 在 2001 年 11 月的《国际财务报告准则前言》征求意见稿中公布了其拟定的应循程序，这些程序主要包括以下步骤：（1）工作人员确定和审议与议题相关的所有问题，并考虑国际会计准则理事会《框架》对这些问题的应用；（2）研究各国会计核算要求和实务，与国家会计准则机构就这些问题交换意见；（3）咨询准则咨询委员会是否可以将该议题添加到国际会计准则理事会的议程中；（4）成立咨询小组以便就该项目向国际会计准则理事会提供建议；（5）公布讨论稿征求公众意见；（6）公布由至少 8 位理事会成员表决通过的征求意见稿征求公众意见，包括理事会成员所持有的任何不同意见和结论基础；（7）考虑收到的所有对讨论稿和征求意见的反馈意见；（8）考虑是否需要举办听证会和是否需要进行实地测试，如果认为需要的话，举办这类听证会及进行这类测试；（9）有至少 8 位理事会成员表决通过准则，在公布的准则中，包括存在的不同意见和结论，以及理事会是如何处理有关意见稿和公众反馈意见的等。IASB 在其应循程序中明确指出："国际会计准则理事会和国际财务报告解释委员会的会议对公众是公开的。在公布准则时，国际会计准则理事会将公布结论基础，公开解释它是如何达成其结论的。"

五、已发布的国际会计准则

国际会计准则委员会的主要贡献具体表现在制定和发布国际会计实务规范。国际会计准则委员会发布的国际会计实务规范包括国际会计准则和国际会计准则委员会的解释。国际会计准则是国际会计准则委员会发布的关于会计实务的基本规范，主要对跨国公司的重要经济业务和会计事项的会计确认、计量和披露进行规范。IASC 颁布的规范主要有三类：（1）概念框架。IASC 颁布的《编报财务报表的概论框架》明确了财务报表的目标、基本假设、要素及其确认、计量、报告等，有助于执委会制定 IAS，促进会计准则的国际协调。（2）准则。IASC 已颁布的 IAS 有四十多项。（3）解释公告。IASC 已颁布二十多个解释公告。准则内容主要包括两个方面：（1）财务报表中的某些项目应如何计量；（2）财务报表应提供的最低限度的信息。这些准则涵盖了影响企业财务报表的绝大部分议题，基本上构成了一个整体。

截止到 2002 年 IASC 全面重组前，IASC 先后发布了 41 份国际会计准则（12 个已废止，其中 5 个是在 IASC 重组后由 IASB 废止的，1 个已部分废止），这些准则对于协调各国会计实务，提高财务信息在国际范围内的可比性和透明度，提高国际资本市场的效率，发挥了重要作用。

表 10 - 1 已发布的国际会计准则

1. IAS1 财务报表的列报（1997 年修订，IASB2003 年改进，2005 年修改）
2. IAS2 存货（1993 年修订，2001 年修改，IASB2003 年改进）
3. IAS3 不再生效，由 IAS27、28 取代
4. IAS4 不再生效，由 IAS16、22、38 取代
5. IAS5 不再生效，由 IAS1 取代
6. IAS6 不再生效，由 IAS15 取代
7. IAS7 现金流量表（1992 年修订）
8. IAS8 期间损益、重大差错和会计政策变更（1993 年修订，IASB2003 年改进，名称改为：会计政策、会计估计的变更和差错）
9. IAS9 不再生效，由 IAS38 取代
10. IAS10 资产负债表日后事项（1999 年修订，IASB2003 年改进）
11. IAS11 建造合同（1993 年修订）
12. IAS12 所得税（1996 年修订，1999 年修改，2000 年修订）
13. IAS13 不再生效，由 IAS1 取代
14. IAS14 分部报告（1997 年修订，2006 年被 IASB 废止，由 IFRS8 取代）
15. IAS15 反映物价变动影响的信息（1993 年修订，1994 年重编，2003 年被 IASB 废止）
16. IAS16 不动产、厂房和设备（1998 年修订，2000、2001 年修改，IASB2003 年改进）
17. IAS 17 租赁会计（1997 年修订，2000、2001 年修改，IASB2003 年改进）
18. IAS18 收入（1993 年修订，1999、2001 年修改）
19. IAS19 雇员福利（1993 年修订，1999 年修改，2000 年修订）
20. IAS20 政府补助会计和政府援助的披露（1983 年发布，1994 年重编，2001 年修改）
21. IAS21 汇率变动的影响（1993 年修订，1998、1999 年修改，IASB2003 年改进）
22. IAS22 企业合并（1998 年修订，1999 年修改，2004 年被 IASB 废止，由 IFRS3 取代）
23. IAS23 借款费用（1993 年修订）
24. IAS24 关联方披露（1984 年发布，1994 年重编，IASB2003 年改进）
25. IAS25 不再生效，由 IAS32、39、40 取代
26. IAS26 退休福利计划的会计和报告（1986 年发布，1994 年重编）
27. IAS27 合并财务报表和对子公司的投资会计（1988 年发布，1994 年重编，1998 年修改，2000 年修订，IASB2003 年改进，名称改为：合并财务报表和单独财务报表）
28. IAS28 对联营企业的投资会计（1988 年发布，1994 年重编，1998、1999 年修改，2000 年修订，IASB2003 年改进，名称改为：对联营企业的投资）
29. IAS29 恶性通货膨胀经济中的财务报告（1989 年发布，1994 年重编）
30. IAS30 银行和类似金融机构财务报表中的披露（1990 年发布，1994 年重编，1998、1999 年修改，2005 年被 IFRS7 取代）

续表

31. IAS31 合营上权益的财务报告（1990 年发布，1998、1999 年修改，2000 年修订，IASB2003 年改进，名称改为：合营中的权益）
32. IAS32 金融工具：披露和列报（1995 年发布，1998 年修改，2000 年修订，IASB2003 年修订，2005 年其披露部分被 IFRS7 取代）
33. IAS33 每股收益（1997 年发布，1999 年修改，IASB2003 年改进）
34. IAS34 中期财务报告（1998 年发布，2000 年修改）
35. IAS35 终止经营（1998 年发布，1999 年修改，2004 年被 IASB 废止，由 IFRS5 取代）
36. IAS36 资产减值（1998 年发布，2000 年修改）
37. IAS37 准备、或有负债和或有资产（1998 年发布）
38. IAS38 无形资产（1998 年发布）
39. IAS39 金融工具：确认和计量（1998 年发布，2000 年修订，并在 2000 年 8 月至 2001 年 12 月，陆续发布了《国际会计准则第 39 号应用指南》，IASB2003 年修订 IASB2005 年修订）
40. IAS40 投资性房地产（2000 年发布，2001 年修改，IASB2003 年改进）
41. IAS41 农业（2000 年发布）

对 IAS31 及之前发布的准则，IASC 已进行了全面的修订和重编。“修订”是指准则本身整体性的改动，修订后被取代的准则，有些留下空号（见以上的列示），有些则仍沿用被取代的原准则的编号，甚至名称都变换了，如 IASC 以《财务报表的列报》取代原来的 IAS1《会计政策披露》，但仍使用 IAS1 这个编号；将 IAS7《财务状况变动表》废止，改为要求编制现金流量表，但仍使用 IAS7 这个编号。所谓“重编”是指按照 IAS 自 1991 年以来采用的格式重新编排，并没有对内容进行实质性的修订。后来，IASC 使用“修改”这个词，以区别于“修订”，“修改”用来专门指因其他新准则的发布或旧准则的修订而导致本准则的相应内容（特定段落）的改动，以区别于整体性的修订。为 IAS39 发布《应用指南》，在制定国际会计准则的历史上是绝无仅有的，指南包括对 228 个问题的解答，足以说明在国际范围内推行金融工具会计之难度。

第二节 IASC 各阶段的发展战略

历史上，IASC 的发展主要经历了三个阶段。

一、第一阶段（1973—1989）的基本战略——制定主体国际会计准则阶段

IASC 在第一阶段共制定了 26 份 IAS，讨论了国际关注的主要会计项目，以适应国

际社会的需要。然而为了得到广泛的认同，此类准则有时需提出多个备选方案以供选择。这一阶段 IASC 的战略分为两步：

1. 早期的发展（1973——1980 年）

早期与国际性银行、国际会计师联合会、国际经贸组织等建立联系和合作关系，在协调各国会计准则上采取十分宽松的政策。对于国际会计准则的体系和 IASC 的发展方向等战略性问题尚不明朗。根据各国经济活动的实际情况，考虑基本的会计准则，把统一性、灵活性恰当地结合起来。在适当比较和挑选的基础上，调和各国同类或类似的准则，废除一些不正确的会计惯例，然后允许剩下的多种会计处理并行，允许会计实务在多个备选会计程序和会计方法中选择，从而形成粗线条的、易于被各国和各地区接受与遵守的国际会计准则。

2. 后期的战略（1980——1989 年）

随着各国的资本市场逐步开放，各国会计准则之间的差异对不同国家财务报告编制者和使用者的影响也越来越大。各国会计准则制定机构开始关注国际会计准则的发展，并产生了同 IASC 合作的意向，证券监管机构也开始重视国际会计准则的制定。此时，IASC 将战略调整为：引起更多利益集团的注意，提高国际会计准则的地位，逐步形成规范现有会计实务的国际会计准则体系。主要措施包括：（1）发展共同的国际方式；（2）增加国际会计准则委员会的成员机构，扩大其作为组织的代表性；（3）寻求各种具有较大影响力或实际管制权力的国际组织的支持；（4）通过各种方式，宣传国际化思想。经过这一阶段的努力，IASC 提高了自己的权威性，并初步形成了国际会计准则体系。

二、第二阶段（1989—1995）的基本战略——提高国际会计准则可比性阶段

IASC 从第一阶段的经验中，已懂得了协调一致不会自然产生，必须有整体计划和策略，以确保所有重要国家、组织均支持这种做法，同时，任何人不能强迫任何组织或国家接受国际会计准则。并且，IASC 了解到必须和准则制定机构及各种组织合作，以获得理解和承认其所进行的工作。第二阶段为巩固期，目的是减少会计处理中的备选方法，以提高国际会计准则的可比性。

1989 年 1 月，IASC 出台了《财务报表可比性》的征求意见稿（E32），它针对现存 IAS 中允许选择的会计处理方法，确定哪一些可能对定义、确认、计量和对企业财务报表中收益、费用、资产、负债或股东权益等的列示产生实质性影响。

项目的目标是：（1）在已公布的 IAS 中，对于同一会计事项，尽量减少可选择的处理方法。对于有些会计事项，在短期内必须保留多种选择方法时，保证以“倾向性

的处理方法”（即被认为最具可比性的，1990 年 7 月改称为“基准会计处理”Benchmark Treatment）作为恰当的会计方法运用于通常所有情况，“备选会计处理”（Alternative Treatment，指在短期内仍需保留的）只用于特殊而类似的情况；（2）除了“基准会计处理”之外，在相似的交易和事项中至多保留一项“备选会计处理”，把其余处理方法统统删掉。通过这一项目，1993 年 12 月，IASC 公布了经过修订后的 10 项争议较大的国际会计准则，减少了备选会计程序和方法，对提高财务信息的可比性发挥了积极的作用。

三、第三阶段（1995—1998）的基本战略——制定核心准则阶段

资本市场的迅速全球化，迫切需要一个统一的高质量会计准则对其进行规范。有鉴于此，1993 年国际会计准则委员会（IASC）与证券委员会国际组织（IOSCO）达成一项协定，计划构建一套把世界经济拉得更近的国际会计核心准则（Core Standards），以适用于所有在国际资本市场跨国融资和上市的企业，作为跨国上市公司对外提供财务报表的依据。1993 年 IOSCO 与 IASC 初步达成了制定一套核心准则的协议，确定了涉及当今财务报告主要问题的五大类共 40 个题目的会计准则。具体为：第一大类，总则；第二大类，收益表；第三大类，资产负债表；第四大类，现金流量表；第五大类，其他准则。1998 年底，IASC 完成了核心准则的最终制定。表 10－2 显示了核心准则计划的完成情况。

表 10－2　　核心准则计划完成情况

	IOSCO 在 1993 年提出的“核心准则”目录	IOSCO 评审认可的 IAS	
		准则名称	发布或最后修订年份
	总则		
1	会计政策披露	IAS 1	1997
2	会计政策变动	IAS 8	1993
3	财务报表中的信息披露	IAS 1	1997
	收益表		
4	收入确认	IAS 18	1993
5	建造合同	IAS 11	1993
6	生产和购货成本	IAS 2	1993
7	折旧	IAS 4、IAS16	1976，1998
8	减值	IAS 36	1998
9	所得税	IAS 12	2000
10	非常项目	IAS 8	1993
11	政府补助	IAS 20	1983（1994 重编）

续表

	IOSCO 在 1993 年提出的“核心准则”目录	IOSCO 评审认可的 IAS	
		准则名称	发布或最后修订年份
12	退休福利	IAS 19	2000
13	其他雇员福利	IAS 19	2000
14	研究和开发	IAS 38	1998
15	利息	IAS 23	1993
16	套期	IAS 39	2000
	资产负债表		
17	不动产、厂场和设备	IAS 16	1998
18	租赁	IAS 17	1997
19	存货	IAS 2	1993
20	递延所得税	IAS 12	2000
21	外币	IAS 21	1993
22	投资（金融资产）	IAS 39	2000
	投资（房地产）	IAS 40	2000
23	金融工具/资产负债表表外项目	IAS 32、IAS39	2000，2000
24	合营	IAS 31	2000
25	或有事项	IAS 37	1998
26	资产负债表日后事项	IAS 10	1999
27	流动资产和流动负债	IAS 1	1997
28	企业合并（含商誉）	IAS 22	1998
29	不含研究开发支出和商誉的无形资产	IAS 38	1998
	现金流量表		
30	现金流量	IAS 7	1997
	其他准则		
31	合并财务报表	IAS 27	2000
32	恶性通货膨胀经济中的子公司	IAS 21、IAS 29	1993，1989
33	联营公司和权益法会计	IAS 28	2000
34	分部报告	IAS 14	1997
35	中期报告	IAS 34	1998
36	每股收益	IAS 33	1997
37	对关联方的披露	IAS 24	1984（1994 重编）
38	终止经营	IAS 35	1998
39	重大差错	IAS 8	1993
40	估计变动	IAS 8	1993

表10－2中列示的IAS为31项，由于其中的一个IAS已被废止，故为30项；此外有三个被修改。2000年5月17日，IOSCO正式宣布已对列入核心会计准则计划的30份2000年准则连同11份解释公告通过了评审，并正式向包括美国在内的全世界各主要资本市场推荐使用。遗憾的是，美国的SEC对此态度并不积极。

四、国际会计准则委员会所取得的成就

国际会计准则委员会所取得的成就，F. D. S. 崔、C. A. 福罗斯特和G. K. 米克在合著的《国际会计》（1999年第三版）中把它们概括为：（1）被许多国家作为建立国家会计规范的基础；（2）在许多工业化国家和开发本国准则的新兴市场经济国家作为国际化的基准；（3）被许多证券交易所和证券监管机构接受，并许可外国的或本国的公司报送依据IAS编制的财务报表；（4）被欧洲委员会和其他国际组织承认。

德勤国际会计师事务所对全球132个国家和地区截至2003年12月31日采纳IAS/IFRS的情况进行了统计，结果如表10－3所示。

表10－3　　全球采纳IAS/IFRS的情况（2003年年底）

情况归类	国家和地区数	所占%
1. 已经要求国内所有上市公司采用IAS/IFRS的	36	27%
2. 宣布将于2005年起要求所有上市公司采用IAS/IFRS的	30	23%
3. 要求国内部分上市公司采用IAS/IFRS的（包括中国）	8	6%
1. 允许所有上市公司采用IAS/IFRS的	37	28%
2. 禁止国内上市公司采用IAS/IFRS的	47	35%

由上表可见，在132个国家和地区中，要求国内上市公司和外国上市公司都采用IAS/IFRS的数目与允许国内上市公司和外国上市公司（或没有外国上市公司）都采用IAS/IFRS的数目大体相当；要求国内上市公司必须采用本国准则的为数还相当多。这显示了“民族主义情结”的影响，也显示了推进国际准则与国内准则的趋同化，仍然需要努力。

几乎所有的重要国际组织如证券委员会国际组织（IOSCO）、世界银行和国际货币基金组织、经济合作和发展组织（OECD）、西方八国集团、巴塞尔银行监管委员会，以及国际会计师联合会（IFAC）、国际审计和鉴证准则委员会、联合国会计和报告国际准则政府间专家工作组等都先后发表声明认可和支持IASB主导的全球会计准则。截至2010年5月，全球已经有117个国家或地区的会计准则实现了与国际财务报告准则的趋同，其中89个国家或地区要求所有的国内公司都执行国际财务报告准则，23个国家

或地区允许采用国际财务报告准则，5个国家或地区要求部分国内公司执行国际财务报告准则，尤其美国在2008年8月宣布了采用国际财务报告准则的路线图计划。这标志着会计准则国际趋同已经是大势所趋。

第三节 IASB的战略重塑

由于IASC的工作得到了IOSCO的实质性支持和来自各个方面的基本肯定，IASC开始考虑转变其职能，由主要制定国际会计准则转向完善国际会计准则并推动成员国的采用。IASC似乎已经由一个准则协调机构演进为一个准则制定机构。

一、IASC存在的问题

尽管IASC已得到国际社会的广泛认可，但它能否成为国际公认会计准则尚未定论，事实上国际会计协调压力的增大，也暴露出了这个组织在运行上的一些问题。IASC面临的问题主要表现在：

（一）美国的挑战

目前，IASC所面临的挑战主要来自美国的财务会计准则委员会（FASB）。长期以来，美国对国际会计准则一直持一种消极的甚至反对的态度，IAS主要受英国会计准则的影响。但作为一个会计超级大国，美国对于IASC的影响力不言而喻，美国在很大程度上决定了英、美模式对德、法模式的相对优势。世界上的大公司在合并报告上都越来越倾向于采用美国的公认会计原则或国际会计准则。因此，这两种体系之间的差异对国际比较的影响与日俱增。到了20世纪90年代，虽然美国逐步开始接受国际会计准则，但美国公认会计原则和国际会计准则显然正为取得财务报告的世界统治地位而竞争。因而，FASB不断指出两种体系之间的差异，暗示IAS存在诸多缺点。

（二）国际会计准则质量的高低

美国认为，其制定会计准则的历史最为悠久，所花费的人力、物力、财力也最多，所制定的“公认会计原则”最为详细和完善，制定会计准则的程序也最为充分、公开和独立。一般认为，IAS（包括后来的“核心准则”）主要是借鉴英、美等国的会计准则范式。如果详加分析，IAS在很多方面都不同程度地吸取或模仿美国的“公认会计原则”，诸如以现金流量表准则取代财务状况变动表准则、制定财务会计概念结构等等。但IAS无论从数量上还是揭示要求上，都低于美国“公认会计原则”。这样，认为IAS在质量上低于美国的“公认会计原则”，不能说是毫无根据的。

（三）实际采用 IAS 模式存在着较大程度的差别

虽然目前很多国家或地区声称已采用 IAS，但是这些国家采用 IAS 的模式不尽相同。有些国家或地区几乎是一字不差地完全照搬 IAS，诸如澳大利亚、新西兰、香港和菲律宾。但是有些国家或地区采用的却是经过修订之后的 IAS，诸如中国、欧盟、新加坡、泰国和马来西亚等，这些国家或地区声称已实现了与 IAS 的实质性趋同。

（四）IASC 自身的运行机制问题

主要表现为：（1）资源的缺乏。国际会计准则委员会的资金来源主要是委员会的捐赠和发行收入，没有足够的财力支撑一个强有力的工作机构。（2）权威性不强。IAS 并不拥有一个单一的执行者（比如美国的证券交易委员会）以确保 IAS 得以严格与持续的应用，IASC 属于民间会计团体，其准则或缺乏像美国 SEC 那样的“实质性权威支持”，或缺乏由国家行政或法律制度保障的强制性，因此其应用能力受到很大限制。（3）代表性不强。IASC 的委员都是各国的会计职业组织，而在许多国家，并不是会计职业组织制定会计准则，而是由政府部门或其他机构制定会计准则，会计职业组织无法代表本国的会计准则制定机构，代表性不够广泛。

二、IASC 的战略重组

核心准则的认可并没有阻止 IASC 前进的步伐，IASC 居安思危，从 1997 年开始进行深刻的自我改革。可以说，IASC 在 20 世纪末的发展是处于这样一个状况，除非改变其组织结构和工作程序，否则，新的国际会计准则（IAS）出台困难重重，或者即使出台，其权威性也将大打折扣，IASC 的战略重组已成必然。为此 IASC 专门于 1997 年成立了战略工作组（Strategy Working Party），1998 年年底，战略工作组提出了初步重组方案，具体体现在《重塑 IASC 未来》这一研究报告中。2001 年 1 月 25 日，IASC 公布新成立的国际会计准则制定机构——国际会计准则理事会（IASB），4 月 1 日 IASB 正式运作，这标志着历时四年的 IASC 战略重组基本完成，IASC 步入一个新的历史时期。

IASB 的组织结构：

1. 受托人

受托人（国际会计准则委员会基金会，IASCF）的任务是确保基金会下属的 IASB 本着公众利益，按照准则制定的应循程序独立地制定高质量的全球适用的会计准则，具体包括任命 IASB 及国际财务报告准则咨询机构和解释机构的组成人员，并为上述机构做出战略决策和提供资金支持。

2. IASB

IASB 是国际财务报告准则基金会所属的独立准则制定机构，由 15 位理事组成，负责制定、发布国际财务报告准则（含中小主体国际财务报告准则）和批准由国际财务报告准则解释委员会制定的对国际财务报告准则的解释公告。

3. 国际财务报告准则解释委员会

国际财务报告准则解释委员会（International Financial Reporting Interpretation Committee，IFRIC）是国际财务报告准则的解释机构，由14位具有不同国家和专业背景的、经受托人任命的委员组成。该委员会的任务是为解决国际财务报告准则在执行中遇到的各种问题及时提供指南，包括帮助国家会计准则制定机构解决趋同中的问题。解释委员会起草的解释必须经国际会计准则理事会讨论和批准才能正式发布。

4. 准则咨询委员会（Standards Advisory Council，SAC）

它由大约30名具有不同地区和职业背景的成员组成，任期3年，主席由理事会主席担任。成立SAC是为了向不代表IASB的国家提供一个参与准则制定程序的论坛。

基金会的各组成机构如图10－1所示。

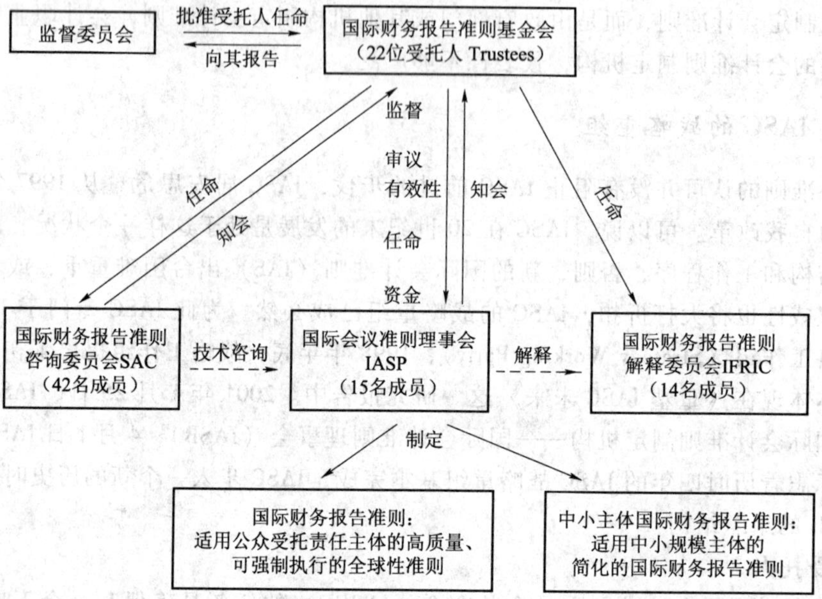

图10－1 国际财务报告准则制定机构组织结构图

以上方案与原IASC结构的主要差别在于：一是有一个负责筹资、任命委员和监督的监督委员会，增强了国际会计准则委员会的权威性和监管力量；二是有一个专职的制定委员会，并且主要由各国的会计准则制定机构的代表组成（原IASC代表主要是民间会计职业团体成员），增强了IASB与各国代表官方的会计准则制定机构的联系；三是整个领导力量不再是会计职业组织，而是由各方面代表组织的管理委员会。

三、IASB 与国际财务报告准则（IFRS）

IASB 将其制定和发布的新准则改称“国际财务报告准则（IFRS）”而不再称为“国际会计准则（IAS）”；而 2002 年 3 月新常设解释委员会成立后，相应的新准则解释公告亦改称“国际财务报告解释公告（IFRIC）”，区别于常设解释委员会解释公告（SIC）。IASB 将“国际财务报告准则”这一概念界定为 IASB 采用的准则和解释的统称，包括 IASB 制定的 IFRS、仍继续有效的 IAS 以及国际财务报告解释委员会发布的 IFRICs 和以前常设解释委员会发布的 SIC。但目前在会计文献中仍见到用“国际会计准则”这一术语来泛指（统称）前 IASC 和 IASB 发布的各项国际准则，或是用 IAS/IFRS 来表述的国际准则。截至 2011 年 5 月，IASB 已先后废止了 IAS 14、IAS 15、IAS 22、IAS 30、IAS 35 五个准则和 IAS32 的“披露”部分，IASB 已发布了以下 13 个国际财务报告准则（IFRS），见表 10－4。

表 10－4　　IASB 发布的国际财务报告准则（IFRS）

IFRS 1	《首次采用国际财务报告准则》（2003 年 6 月发布，自 2004 年 1 月 1 日起生效，2005 年 6 月修改）
IFRS 2	《以股份为基础的支付》（2004 年 2 月发布，自 2005 年 1 月 1 日起生效）
IFRS 3	《企业合并》（2004 年 3 月发布，自 2004 年 3 月 31 日起生效，取代 IAS 22）
IFRS 4	《保险合同》（2004 年 3 月发布，自 2005 年 1 月 1 日起生效，2005 年 8 月修改，2005 年 12 月修订了其“应用指南”）
IFRS 5	《持有的准备出售的非流动资产和终止经营》（2004 年 3 月发布，自 2005 年 1 月 1 日起生效，取代 IAS 35）
IFRS 6	《矿产资源的勘探和评价》（2004 年 12 月发布，自 2006 年 1 月 1 日起生效，2005 年 6 月修改）
IFRS 7	《金融工具：披露》（2005 年 8 月发布，自 2006 年 1 月 1 日起生效，取代 IAS 32 的披露部分和 IAS 30）
IFRS 8	《经营分部》（2006 年 11 月发布，自 2009 年 1 月 1 日起生效，取代 IAS 14）
IFRS 9	《金融工具：分类与计量》（2009 年 11 月发布，自 2013 年 1 月 1 日起生效，取代 IAS 39）
IFRS 10	《合并财务报表》（2011 年 5 月发布，自 2013 年 1 月 1 日起生效）

续表

IFRS 11	《联营协议》（2011 年 5 月发布，自 2013 年 1 月 1 日起生效）
IFRS 12	《其他实体中权益的披露》（2011 年 5 月发布，自 2013 年 1 月 1 日起生效）
IFRS 13	《公允价值计量》（2011 年 5 月发布）

IASB 在 2006 年 8 月宣布，在 2009 年之前不会有新准则生效。

四、国际财务报告解释委员会（IFRIC）

IFRIC 主要为各国采用国际会计准则提供帮助和便利，积极推动 IFRS 一致的解释、应用和执行，并与各国准则制定机构达成趋同协议并付诸实施。改组后，IASB 下设的国际财务报告解释委员会（IFRIC）在其文告中将使用“国际财务报告解释委员会（IFRIC）”这个名称，以区别于原常设解释委员会（SIC）发布的对 IAS 的解释。截至 2011 年 5 月，IFRIC 已制定并经 IASB 批准发布了 19 个《国际财务报告解释公告》，见表 10－5。

表 10－5 国际财务报告解释公告

IFRIC 1	现有的解除、恢复和类似负债的变动（2004 年 9 月，主要与 IAS 37 相关）
IFRIC 2	成员在合作主体中的股份和类似工具（2004 年 11 月，主要与 IAS 32、IAS 39 相关）
IFRIC 3	排放权（2004 年 12 月，主要与 IAS 38 相关，2005 年 6 月撤销）
IFRIC 4	确定一项协议是否包含租赁（2004 年 12 月，主要与 IAS 17 相关）
IFRIC5	解除、恢复和环境复原基金产生的权利（2004 年 12 月，主要与 IAS 37、IAS 39 相关）
IFRIC6	参与特殊市场产生的负债：电子电器废弃物（2005 年 9 月，主要与 IAS 37 相关）
IFRIC7	在 IAS 29《恶性通货膨胀经济中的财务报告》中应用重述法（2005 年 11 月，与 IAS 29 相关）
IFRIC8	IFRS 2 的范围（2006 年 1 月，与 IFRS 2 相关）
IFRIC9	嵌入衍生工具的重新评估（2006 年 3 月，与 IAS 39 相关）
IFRIC10	中期财务报告和减值（2006 年 8 月，与 IAS 34、IAS 32 相关）
IFRIC11	集团与库存股交易（2006 年 11 月发布，2007 年 3 月 1 日生效，与 IFRS 2、IAS 8、IAS 32 相关）

续表

IFRIC12	公共服务特许经营合同（2006 年 11 月发布，2008 年 1 月 1 日生效）
IFRIC13	顾客诚信计划（2007 年 6 月发布，2008 年 7 月 1 日生效）
IFRIC 14	限定保险赔偿费资产的限额，最低筹资要求及其相互作用（2007 年 7 月发布，2008 年 1 月 1 日生效，与 IAS 19 相关）
IFRIC 15	《房地产建造合同》（2008 年 7 月发布，2009 年 1 月 1 日生效，与 IAS 11 相关）
IFRIC 16	《对国外经营净投资的套期》（2008 年 7 月发布，2008 年 10 月 1 日生效，与 IAS 39 相关）
IFRIC17	《分配非现金资产给投资者》（2008 年 11 月发布，2009 年 1 月 1 日生效，与 IAS 1、IAS 37 相关）
IFRIC18	《顾客资产的转移》（2009 年 1 月发布，2009 年 7 月 1 日生效，与 IAS 18 相关）
IFRIC19	《金融负债与权益工具的区别》（2009 年 11 月发布）

五、后金融危机时代的 IASB

国际金融危机爆发后，2008 年 11 月 15 日，二十国集团（G20）在华盛顿峰会上提出了应对金融危机的对策以及改进 IASB 的治理结构和建立全球统一的高质量会计准则的目标。2009 年 6 月由金融稳定论坛（FSF）改组形成的金融稳定理事会（FSB）在瑞士巴塞尔举行成立大会，FSB 将监督各成员国执行系列关键国际监管标准，其中包括国际财务报告准则，会计准则问题已成为具有公众受托责任和政府背景的重点工作，而不仅仅是会计专业领域的活动。FSB 决定设立指导委员会以及脆弱性评估、监管合作和标准执行三个常设委员会，其中标准执行委员会的工作之一是促进各国会计准则的国际趋同。

根据 G20 和 FSB 的要求，IASB 积极研究国际金融危机中暴露出来的相关会计问题，在完善国际财务报告准则方面做了大量工作并取得了积极成果，主要包括：(1) 2008 年 12 月成立金融危机咨询组，并于 2009 年 7 月发布了有关报告，系统提出了改进财务报告以应对金融危机的建议；(2) 2009 年 5 月 28 日发布了公允价值计量征求意见稿，并计划于 2010 年上半年发布最终准则；(3) 2009 年 7 月发布了《降低金融工具会计准则复杂性》综合性项目第一阶段的征求意见稿，简化金融工具分类、计量、减值和套期等会计准则；(4) 全面修订财务报表列报、合并财务报表会计准则，明确资产负债表表外业务和特殊目的主体的会计处理问题；（5）提议与 FSB 合作，筹建金融机构财务报告咨询组，提升与各利益相关方的对话机制。

第四节　中国会计准则的国际趋同

中国会计准则国际趋同是中国经济发展和经济全球化的必然选择，而其趋同的目标则是国际财务报告准则（IFRS），这实质上是中国会计制度的一次带有革命意义的制度变迁。在过去的三十多年当中，中国会计准则国际趋同经历了以下四个变迁阶段：

一、中国会计准则国际趋同的局部性变迁（1978——1997 年）

这一阶段的主要进程有：（1）自 1981 年起，中国会计学会在《会计研究》上翻译、介绍国际会计准则理事会（IASB）颁布的各项国际财务报告准则（IFRS）；（2）为了适应对外开放的需要，1985 年正式颁布了《中外合资企业会计制度》，是我国会计国际化的一个重要开端；（3）1992 年 11 月，财政部颁布了《企业会计准则》和《企业财务通则》、13 项行业会计制度和 10 项行业财务制度，结束了计划经济的会计制度，确立了与市场经济相适应，并与国际惯例初步协调的新会计制度；（4）1993 年，财政部与国家体改委联合发布了《股份制试点企业会计制度》，对于推行现代企业制度、建立和发展我国的资本市场发挥了重要的作用；（5）1997 年中国加入了 IASB，并成为了 IASB 的观察员。随后中国参加了 IASB 的历次理事会会议，又当选为 IASB 咨询委员会委员。

二、中国会计准则国际趋同的过渡性变迁（1998——2004 年）

从 1998 年开始实施第一项适用于不同行业所有制形式的具体会计准则一直到 2004 年，我们称之为中国会计准则体系建设阶段。主要进程有：（1）1998 年，我国会计准则委员会成立，开始实施第一个具体会计准则《企业会计准则——关联方关系及其交易的披露》；（2）为了适应加入 WTO 的需要，1999 年财政部对《会计法》进行了重新修订，加大了单位负责人的法律责任，明确了会计工作中的法律界限，为外国企业和资本进入中国市场提供了会计方面最基本的规范；（3）2000 年，国务院发布了《企业财务会计报告条例》；（4）财政部要求自 2001 年 1 月 1 日起暂在股份有限公司执行《企业会计制度》，鼓励国有企业和其他企业执行。该制度具有改革力度大、起点高、内容丰富的特点，巧妙地将会计准则所规范的主要内容纳入会计制度之中，实现了准则与制度的有机结合，将我国的会计国际化进程又向前推进了一大步；（5）2001 年，财政部发布了《金融企业会计制度》；(6) 2002年，财政部与日本、韩国会计准则制定机构举行了三国会计准则制定机构会议；(7) 2003年，财政部成立第二届会计准则委员会，发布《会计准则委员会工作大纲》，这是我国第一次将会计准则委员会的工作程序以文件形式确定下来；(8) 2004年，财政部颁布《小企业会计制度》。

三、中国会计准则国际趋同的全面变迁（2005——2007年）

自2005年以来，中国建成了与国际财务报告准则实质性趋同的企业会计准则体系，实现了新旧转换和平稳有效实施，并处于亚洲和新兴市场经济国家前列。主要进程有：(1) 2005年，中国财政部在全面总结多年来会计改革经验的基础上，集中力量制定完成了企业会计准则体系。财政部发布了修订后的《企业会计准则——基本准则》和22项新的具体准则的征求意见稿；2005年11月财政部与IASB签订了中国准则与国际财务报告准则趋同的联合声明，从而基本实现了中国企业会计准则与国际财务报告准则的全面趋同。(2) 2006年2月，财政部发布了39条会计准则，全面建立起与中国国情相适应同时又充分与IFRS趋同的、涵盖各类企业各项经济业务、独立实施的会计准则体系。

四、转向等效的中国会计准则国际趋同变迁（2007年至今）

对于我国的新企业会计准则而言，趋同只是一步，等效才是更高的目标。这一阶段主要进程有：(1) 中国内地与香港于2007年12月6日签署了两地会计准则等效联合声明，确认两地会计准则等效互认。(2) 2008年1月，中国会计准则委员会与IASB签署了《中国会计准则委员会——国际会计准则理事会持续趋同工作机制备忘录》，确定了持续趋同工作机制。(3) 2008年4月18日，中国会计准则委员会代表团访问美国并与美国财务会计准则委员会就中美两国会计交流与合作问题签署了《中美会计合作备忘录》，在加强双方会计合作、建立相互交流的工作机制等方面达成共识。与此同时，中美会计合作、趋同与等效也已列为中美经济联合委员会对话的重要议题。(4) 2008年12月12日，欧盟委员会就第三国会计准则等效问题发布规则，确认中国企业会计准则与欧盟所采用的国际财务报告准则等效，决定自2009年起至2011年底的过渡期内，允许中国企业进入欧盟境内市场时采用中国企业会计准则编制财务报告。(5) 为响应G20峰会和FSB倡议，财政部于2009年9月发布《中国企业会计准则与国际财务报告准则持续全面趋同路线图（征求意见稿）》。由于IASB计划在2011年完成对金融工具、收入、财务报表列报等重大项目的修改，中国企业会计准则与国际财务报告准则实现持续全面趋同的完成时间也确定为2011年。(6) 2009年11月4日，IASB发布了新修订的《国际会计准则第24号——关联方披露》，基本消除了与中国关联方准则的差异。(7) 2010年4月2日，财政部发布了《中国企业会计准则与国际财务报告准则持续趋同路线图》（以下简称路线图）。路线图的发布是我国响应G20建立全球统一高质量会计准则倡议要求的行动，向全世界表明了中国作为负责任大国的原则立场。这是在总结我国多年会计改革成就与经验的基础上，结合最近国际国内形势发展的需要，推动我国企业会计准则建设及其持续国际趋同而做出的重要规划和部署。

这一阶段的其他进程有：（8）2010年，IASB通过年度改进项目对《国际财务报告准则第1号——首次采用国际财务报告准则》进行了修改，允许首次公开发行股票的公司将改制上市过程中确定的重估价作为“认定成本”入账，并进行追溯调整。此举有效解决了中国企业改制上市过程中因资产重估引发的会计问题。（9）2011年，财政部完成修订后的中国企业会计准则体系仍由基本准则、具体准则和指南三部分构成。基本准则作为概念框架，明确会计确认、计量和报告的基本要求，指导具体准则的制定。具体准则主要规范企业发生的各类交易事项会计确认、计量和报告的具体要求。应用指南主要对具体准则涉及的有关重点难点问题提供释例和操作性指引。（10）欧盟委员会（European Commission）于2011年2月通过一项决议，首次认可了10个第三国审计监管体系的等效（认可等效的国家：澳大利亚、加拿大、中国、克罗地亚、日本、新加坡、南非、韩国、瑞士和美国）。该决议为加强欧盟各成员国与被宣布等效的第三国之间的合作铺平了道路，使得它们能够相互依赖各自对会计师事务所的监管。（11）2011年7月26日，国际会计准则理事会新兴经济体工作组（以下简称“工作组”）在中国北京正式成立，并举行了第一次全体大会。会议一致同意成立国际会计准则理事会新兴经济体工作组，讨论通过了新兴经济体工作组的工作方案，并就新兴经济体应用国际公允价值计量准则的相关问题进行了深入探讨。

2012年起，中国企业会计准则和IFRS都将进入相对稳定时期，如果实际工作中出现新的交易或事项需要制定新准则加以规范，或者是IASB发布了新的或修改的准则，将通过持续全面趋同机制加以解决。上述一系列中国会计准则的国际趋同得到了国际上广泛的认可，中国被认为是转型经济和发展中国家会计改革的典范。在会计准则全球趋同变迁中，目前已实现准则趋同的最重要的两个经济实体是欧盟和中国。欧盟作为一个经济联合体，人们最关心的是欧盟内部各国对IFRS的执行是否一致。而中国作为市场经济的社会主义国家，人们担心的是在中国的制度环境中，与IFRS趋同的新企业会计准则是否能得到实质执行，特别是新准则体系以强制且相对激进的方式发布实施。

思考练习题

1. 你认为IASC三个阶段的发展战略在主流方面是否成功？

2. 为什么说 IASC 的“可比性和改进计划”对提高其权威性起了重大的作用？

3. IASC 与 IOSCO 是在什么背景下达成核心会计准则计划的协议的？

4. 你对重组后的国际会计准则委员会有何评价？它会成为美英俱乐部吗？

5. 在新的国际会计准则委员会的构架和运行中，突出的问题是协调美英与欧洲大陆国家的关系还是发达国家与发展中国家的关系？

6. 你认为在体现高质量准则方面，IAS 与美国的 GAAP 孰优？

7. 什么证据可以表明国际会计准则在世界范围内被广泛接受？

8. 列出国际会计准则和我国会计准则之间的四项相似之处和四项不同之处。

9. 支持制定和广泛应用国际会计准则的重要论点是什么？

10. 为什么中国被认为是转型经济和发展中国家会计改革的典范？

本书主要参考文献

[1] 吴革主编．国际会计．北京：对外经济贸易大学出版社，2005.

[2] 吴革，等．中国会计的国际化．北京：中国财政经济出版社，2007.

[3] 吴革著．国际会计产权制度研究．北京：对外经济贸易大学出版社，2002.

[4] 吴革主编．简明国际会计．北京：煤炭工业出版社，1996.

[5] 吴革，等．“走出去”战略下中国企业信用评价的相关法律制度研究．北京：对外经济贸易大学出版社，2011.

[6] 常勋，常亮主编．国际会计（第九版）．厦门：厦门大学出版社，2012.

[7] 常勋主编．国际会计（第四、五、六版）．大连：东北财经大学出版社，2007，2008，2009.

[8] 常勋著．财务会计四大难题（第三、四版）．上海：立信会计出版社，2006，2008.

[9] 常勋主编．国际会计研究．北京：中国金融出版社，2005.

[10] 王松年主编．国际会计前沿．上海：上海财经大学出版社，2001.

[11] 郝振平编著．国际会计．上海：立信会计出版社，2001.

[12] 王善平编著．国际会计研究．成都：西南财经大学出版社，2001.

[13] 王建新主编．国际会计．上海：上海财经大学出版社，2004.

[14] 陈瑜著．我国会计准则国际协调研究——历程与对策．北京：中国财政经济出版社，2005.

[15] [英] 克里斯托弗·诺比斯，罗伯特·帕克著，《比较国际会计》（三友会计名著译丛）薛清梅，译．大连：东北财经大学出版社，2010.

[16] [英] 克里斯托弗·诺比斯，罗伯特·帕克著．潘琰，主译．《比较国际会计》（三友会计名著译丛）．大连：东北财经大学出版社，2002.

[17] [美] F. D. S. 崔，C. A. 福罗斯特和 G. K. 米克合著．周晓苏，方红星，主译．国际会计学（第三版）．大连：东北财经大学出版社，2000.

[18] [美] 弗雷德里克 . D. S. 乔伊等著．国际会计学．周晓苏，等译．大连：东北财经大学出版社，2000.

[19] Nobes, Parker. Comparative International Accounting, (10th ed., 9th ed., 8th ed., 7th ed.). Prentice-Hall Inc., 2008, 2006, 2004, 2002.

[20] Choi, Meek. International Accounting, (6th ed., 5th ed.,). Prentice – Hall Inc., 2008, 2004.

[21] IASB, International Accounting Standards，及中译本，中国财政经济出版社，2002.

[22] IASB, International Financial Report Standards，及中译本，中国财政经济出版社，2002，2008.